정치에 빠진 교회

정치에 빠진 교회

초판 1쇄 발행 2025년 9월 12일
저자 권수경 성희찬 유승혁 안재경 최정복 오세택
발행인 이성만
발행처 (주)칼라커뮤니케이션
등록번호 제2007-000306호
주소 서울특별시 강남구 강남대로 320, 1108호(역삼동)
이메일 colorcomuni@gmail.com
편집 최성욱 이의현
마케팅 이재혁 김명진
편집디자인 최건호
ISBN 979-11-990799-6-0 (03230)
값 15,000원

야다북스는 (주)칼라커뮤니케이션의 임프린트 브랜드입니다.

교회여, **정치의 언어**가 아닌
진리의 언어가 들리게 하라!

정치에 빠진 교회

권수경
성희찬
유승혁
안재경
최정복
오세택

야다북스

편집자의 글
정치에 빠진 교회가 복음으로 돌아가기를 구하며

　작년 연말에 터진 대통령의 비상계엄 선포와 대통령에 대한 탄핵, 그리고 파면에 이르는 시간 동안 한국 사회는 극도의 혼란에 빠졌습니다. 교회도 정치에 빠져 사회 혼란을 부추겼습니다. 각자 기도하면서 말씀 선포하던 몇몇 이들이 고즈넉한 일가수도원에 모였습니다. 복음을 전하는 것이 아니라 정치에 푹 빠진 교회를 안타까워하면서 '교회의 정치화, 무엇이 문제인가?'라는 주제로 준비한 글들을 발표하고 토론하는 연찬회硏鑽會(학문 연구를 위한 모임)를 가졌습니다. 1박 2일 동안 기도하며 말씀을 살피고 주님의 은혜와 긍휼을 간구했습니다. 그때 발표했던 원고를 묶어 책으로 펴냅니다.

　첫째로 발표한 글은 〈교회의 정치개입과 설교자의 책무〉입니다. 최근에 전 세계적으로 극우 열기가 확산되고, 그에 따른 혐오와 차별, 폭력의 선동이 심각해진 상황에서 한국교회도 그 열기에 휩쓸리고 있는 모습을 봅니다. 소위 말하는 손현보현상을 포함하여 교회가 특정 정파의 이념에 경도되어 국민을 편 가르고 폭력을 조장하기도 하는 상황에서 교회가 오직 십자가 복음을 붙잡고 전해야 한다는 것을 나누었습니다.

둘째로 발표한 글은 〈교회는 왜, 어떻게 정치화에 굴복했는가?〉입니다. 히틀러 시대의 독일, 트럼프 시대의 미국교회, 그리고 1930년대의 한국교회가 어떻게 정치화에 굴복했는지를 추적하는 글입니다. 우리는 현시대 교회만이 아니라 역사 속의 교회들이 정치화에 굴복했던 모습을 확인할 수 있었습니다.

셋째 글은 〈교회 정치화의 역사적 뿌리, 기독교적 건국론〉입니다. 소위 말하는 기독교적 건국론을 추적한 글입니다. 장로이자 대한민국의 초대 대통령이었던 이승만의 입에서부터 나온 기독교적 건국론, 이것을 한경직 목사의 버전으로 쏟아 놓았는데, 이 기독교적 건국론이 도대체 무엇을 의미하는지 분석하고 있습니다. 최근에 기독교 학교를 만들어 잘 교육하고, 또 기독교인이 자녀를 많이 낳으면 대한민국이 기독교 국가가 될 수 있다고 생각하는 이들이 있다는 상황에서 기독교 국가라는 것이 가능한 것인지 나누었습니다.

넷째로 발표한 글은 〈한국교회의 정치화 주역, 반공주의〉입니다. 이 글은 해방 이후 남북이 갈라지고 남한만의 단독정부가 수립되면서 반공이 국시가 된 과정을 추적합니다. 지금도 자기 편이 아니면 무조건 빨갱이라고 몰아붙이고, 그것이 낙인이 되어 버리는 것이 어떻게 생겨났는지, 그리고 그 반공주의를 교회가 어떻게 철저하게 내면화하고 지금까지 그것을 맹신하기에 정치적인 왜곡과 사회 혼란을 부채질하는지 살폈습니다.

다섯째 글은 〈**강단에서 정치문제를 어디까지 포함할 수 있는가?**〉입니다. 목사가 강단에서 정치설교를 할 수 있는지, 한다면 어느 정도의 수준까지 할 수 있는지를 살피는 글입니다. 이 글은 설교가 복음적이기 위해서는 정치적이어야 한다는 도발적인 제안을 합니다. 하지만 전광훈 목사나 손현보 목사처럼 특정 정파에 치우친 선동적 설교를 피하고 신앙고백적 설교를 통해 우리 사회를 향해 화해를, 정치를 향해 비판적인 메시지를 내어야 한다고 말합니다.

여섯째 글은 〈**일가 김용기의 시대 인식과 신앙적 행동**〉입니다. 일가 김용기는 일제강점기부터 우리나라를 복음으로 일으키는 길을 찾아 나섰습니다. 그는 가나안농군학교를 개교하여 우리나라가 빈곤을 벗고 복된 나라가 되는 길을 추구했습니다. 특히, 박정희 정권 시절에 정치에 휘말릴 수 있었지만 오직 복음을 위해 투신한 모습을 볼 수 있었습니다. 교회가 민족을 끌어안고 가야 할 길의 작은 본을 볼 수 있었습니다.

부록으로 이번 주제에 맞고 시의적절한 글 〈**정치적 설교**〉 Politieke prediking를 찾아 실었습니다. 네덜란드 개혁교회 소속 목회자인 페일러마W. H. Velema 교수가 네덜란드 아펠도른 신학대학교 교장으로 취임하면서 한 강연의 일부를 번역하여 실었습니다. 그는 왜 교회가 정치적 사회적 문제들에 대해 발언해야 하는가를 묻고는 저항권에 대한 예로부터 시작하여 성경 말씀이 정치문제를 다룰 경우 우리가 회피해서는 안 되지만 하나님 나라와 무관한 정치적 설교를 거부한다는 입장을 보입니다. 설교자가 성도들의 책임을 존중하지 않고 억압해서는 안 되고, 특정 정치적 입장을 따르지 않는 것이 구원에서 멀어지는 것처럼 간주하는 것의 문제점을 지적합니다. 교회가 정당처럼 행동해서도 안 된다는 것입니다. 구원은 정치를 통해 오는 것이 아니라 하나님과의 화해를 통해 온다는 것을 선포해야 합니다. 결론적으로 정치와 설교는 배타적이지 않지만, 정치적 설교는 복음을 변형시키고 하나님의 이름을 더럽힙니다. 이 글을 곱씹어보면 목사가 무엇을 설교해야 하는지, 그리고 교인을 정치적으로 어떻게 도울 수 있는지를 아는 데 도움이 될 것입니다.

교회와 정치세력 사이의 일그러진 관계를 염려하며 기도하는 모든 성도와 동일한 마음으로 글을 쓰고 책을 펴냅니다. 정치의 언어가 아닌 진리의 언어가 선포되는 강단, 정치에 빠진 교회가 아니라 진리로 움직이는 교회가 세워져 가기를 소망합니다.

2025년 가을에,
여섯 저자의 마음을 모아
편집자가 쓰다

목차

편집자의 글 5
글쓴이들 10
머리말 13

1장 교회의 정치개입과 설교자의 책무 _권수경 17
2장 교회는 왜, 어떻게 정치화에 굴복했는가? _성희찬 51
3장 교회 정치화의 역사적 뿌리, '기독교적 건국론' _유승혁 85
4장 한국교회의 정치화 주범, 반공주의 _안재경 149
5장 강단에서 정치문제를 어디까지 포함할 수 있는가? _최정복 181
6장 일가 김용기의 시대 인식과 신앙적 행동 _오세택 211

부록 "정치적 설교"(Politieke prediking) _W. H. 페일러마 227

글쓴이들

권수경

서울대 철학과, 고려신학대학원, 예일대 신학부와 종교학부에서 공부했고, 고려신학대학원에서 초빙교수로 기독교 세계관의 여러 분야를 가르쳤으며 현재 서울 일원동교회 담임목사를 맡고 있다. 지은 책으로 『질그릇에 담은 보배』, 『번영복음의 속임수』, 『변하는 세상 영원한 복음』, 『파스칼 평전』이 있고, 공존과 영생의 진리를 푼 『황금률』 출간을 앞두고 있다.

성희찬

고려신학대학원을 졸업하고 네덜란드 아펠도른 신학대학교에서 공부했다. 지은 책으로 『한국장로교회 헌법개정역사』, 『고신교회 70년과 나아갈 길』이 있다. 고신총회 이단대책위원회와 예전예식서개정위원회를 섬겼고, 현재 창원에 있는 작은빛교회를 담임하고 있다.

유승혁

고려신학대학원(M.Div.)을 졸업하고 동 대학원에서 석사학위(Th.M.)를 취득했다. 현재 부천에 있는 행복한교회에서 강도사로 사역하고 있다.

안재경

고려신학대학원을 졸업하고 군목, 해비타트, 화란한인교회사역을 거쳐 현재 남양주에 있는 온생명교회를 담임하고 있다. 지은 책으로 『고흐의 하나님』, 『예배의 모든 것』, 『직분자반』 등이 있다. 복음사역을 위해 〈교회건설연구소〉, 〈국제사회복지민간협력기구〉, 〈개혁정론〉을 위해 협력하고 있다.

최정복

대학에서는 사회학을 전공하였고, 금융회사에서 근무했다. 고려신학대학원을 졸업하였으며, 현재 세종시장로교회를 담임하고 있다.

오세택

고려신학대학원을 졸업하고, 두레교회에서 은퇴했다. 은퇴 후 가나안농군학교 교장을 거쳐, 가나안농군학교 내 일가수도원을 설립하고 원장으로 섬기면서 자기부인의 영성을 연구하고 있다. 〈기독청년 아카데미〉 원장과 〈교회개혁실천연대〉 공동대표를 역임했다.

머리말

방향을 잃은 한국교회
_제1회 일가수도원 연찬회를 가지면서

지금의 한국교회는 방향을 상실했습니다. 주님이 가신 길과 다른 길을 가고 있습니다. 복음서에서 가장 많이 나오는 지문은 "떠나가시더라"입니다. 주님이 한 마을에서 사역을 마치고 나면 반드시 다른 마을로 떠나가신 것을 말합니다. 주님은 길 떠나신 분입니다. 단 하루도 한곳에 머물지 않으셨습니다. 길 떠나시기 위해서 머리 둘 곳 하나 두지 않았습니다. 그런데 주님이 떠나시는 방향은 단 한 번의 예외도 없이 일정하십니다. 고통받고 소외된 사람들이 있는 곳이었습니다. 세리와 창기가 있는 곳, 병들고 귀신 들린 사람이 있는 곳으로 떠나셨습니다. 공간적으로 말하면 주변부 낮은 곳입니다. 주님은 단 한 번 고지와 중심부로 가셨습니다. 십자가를 지기 위해섭니다.

지금 한국교회는 높은 곳, 중심부로 향하고 있습니다. 왜냐하면 주변부, 낮은 곳으로는 사람을 모을 수 없기 때문입니다. 교인들이 싫어하고, 인간의 본성에 맞지 않기 때문입니다. 인간은 에로스적인 욕망을 좇는 존재입니다. 이것이 부패하고 타락했다는 증거입니다.

그렇다면 한국교회는 아직 그리스도를 따르지 못하고 있으며, 그리스도를 따르지 못한다는 것은 복음을 모르고 있다는 증거며, 복음을 모른다는 것은 구원이 무엇인지, 십자가와 부활이 무엇인지를 모른다는 방증입니다. 구원이란 자기애적 욕망의 존재가 그리스도애적, 타자애적 존재로 바뀌는 것입니다. 죄 용서함을 받고 천당 가는 것만이 구원이 아닙니다. 자기만을 위해 살던 인간이 다시는 자기를 위해 살지 않고 오직 그리스도와 타자를 위해 사는 인간으로 거듭나는 것이 구원이며 생명입니다.

한국교회의 핵심 과제는 다시 복음으로 돌아가는 것입니다. 십자가 부활의 능력을 회복하는 것입니다. 그래서 주님 가신 길, 주변부 낮은 곳, 소외되고 고통받는 타자를 무한 책임감을 갖고서 찾아가는 것입니다.

나는 이 복음의 전형을 김용기 장로를 통해서 보았습니다. 김용기의 호는 '일가─家'인데, 일가란 모든 인간이 한 가족이며 하나란 뜻입니다. 기독교의 모든 윤리는 이 하나 됨에서 출발합니다. 하나이기에 서로 무한 책임을 갖고 타자중심적인 삶을 살아내는 것입니다. 서로 하나이기에 높은 자가 있다는 것도 낮은 자가 있다는 것도 비정상입니다. 부자와 가난한 자가 있다는 것이 율법에도 복음에도 논리에도 맞지 않습니다.

이번 연찬회研鑽會를 〈교회의 정치화, 무엇이 문제인가?〉라는 주제로 김용기 장로가 설립한 가나안농군학교 일가수도원에서 열게 되어서 기쁩니다. 부디 이번 연찬회를 통해 한국교회가 잃어버린 영성을 찾아 세상의 정의와 인애를 심는 시작이 되기를 소망합니다.

2025년 여름에
일가수도원 원장

오세택

1장
교회의 정치개입과 설교자의 책무*

권수경

세계적으로 극우파가 득세하여 인류 공존을 위협하는 이때 한국교회가 극우파의 유혹에 심히 흔들리고 있다. 극우파는 인간의 탐욕에 근거한 이기주의로서 교회가 경계하고 멀리해야 할 반성경적 가치관이다. 교회와 목사는 특정 정파를 진리로 착각하는 영지주의적 오류에서 벗어나 오직 십자가 복음만 붙들고 선포해야 하며, 그 복음을 삶에서 사랑과 희생으로 실천함으로써 주님이 교회를 세우신 뜻을 구현할 수 있다.

* 이 글은 2025년 3월 24일 〈손현보 목사 설교의 문제점과 고신 교단의 대응〉 서울 간담회에서 다소 간략하게 발표한 글의 전문이다. 이 글을 짧게 요약하여 2025년 6월 2일 기윤실 웹진 《좋은나무》에 〈한국교회의 극우화〉라는 제목으로 실었다.

정치에 빠진 교회

1. 해 아래 사는 삶

해 아래 새것은 없다전1:9. 우리가 새롭다고 느끼는 것도 알고 보면 지난날 있었던 일의 반복이다전1:10. 계시를 몰랐던 사람들도 그렇게 느꼈다. 그래서 천체의 운행을 기초로 모든 것이 돌고 돈다는 순환적 시간관을 갖게 되었고, 인간의 역사 또한 그런 시간 안에서 반복된다고 보았다.[1] 제국의 흥망성쇠를 비롯하여 특정 사상이나 대세의 부침도 이 원리를 거스르지 않는다. 무신론 철학자 니체가 말한 영원회귀도 그런 깨달음의 하나다.[2] 기독교 철학자 키르케고르는 되풀이된다는 기본 틀을 유지하면서 실존의 독특성을 근거로 반복의 뜻을 새롭게 풀기도 했다.[3] 미시적 경험에서는 하나하나가 새로울 수 있겠으나, 한 걸음 물러서서 바라보는[4] 우리의 삶, 특히 사회와 국가와 세계 같은 거대한 틀에서는 구조와 역학과 특히 사상이 큰 바다의 밀물과 썰물처럼 들고 나기를 쉬지 않는다.

반복은 곧 같음이다. 해 아래 새것이 없는 까닭은 역사를 만드

---

1. History repeats itself. 이 말은 뜻은 명확하고 많은 이들의 공감도 얻었지만, 표현 자체의 기원은 분명하지 않다. 대체로 마크 트웨인의 한마디가 발전된 것으로 본다. "Quote Origin: History Does not Repeat itself, But it Rhymes" on *Quote Investigator*, Jan 12, 2014.
2. 스토아 순환론의 재현. F. Nietzsche, *The Gay Science*(1882) & *Thus Spoke Zarathustra*(1887). 하이데거는 이 개념이 니체의 현실 이해라기보다 희망을 표현한 것이라고 본다. M. Heidegger, *Nietzsche*, Vol. 2. (HarperOne, 1991).
3. S. Kierkegaard, *Repetition*, (Princeton, 1983).
4. 이론이라는 개념의 출발점이 이 관찰자와 대상 사이의 거리다. '바라보다' '관조하다'는 'θεωρέω, 데오레오'에서 이론(theory)이 나왔다. 예술가들은 이 거리를 앉은 자세로 표현했다. 로댕의 〈생각하는 사람〉도 우리네 〈반가사유상〉도 다 앉은 자세다. 선 자세로는 활동하기 바빠 생각하기 어렵고 누우면 생각마저 정지 상태에 이르지만 앉으면 몸은 쉬고 정신은 활발하게 움직인다.

는 사람이 똑같기 때문이다. 인간의 본성은 변하지 않고 인간들 사이의 기본 역학도 당연히 그대로다. 문명의 발전 정도와 상호 교섭의 많고 적음이 변수라면, 죄로 부패하여 자기를 사랑하고 돈을 사랑하는 인간의 본성은 상수로 존재한다^{롬3:9-10; 딤후3:2}. 그리고 그 상수는 권력을 향한 의지와 그것을 아름다운 이름으로 포장해 성취하는 능력으로 나타난다. 그런 상수에 대해 하나님 말씀 성경에서 배웠기에 우리는 마르크스 공산주의의 근본 오류를 금방 알았고 자본주의 체제의 약점도 결국은 파악했다. 성경이 가르치는 상수를 근거로 현실 삶의 변수를 통시적으로 검토하면 그것이 성경적 역사관이 된다. 역사를 주관하시는 하나님과 그 역사를 몸으로 살아내는 개인과 집단을 바로 이해하면서 일반화 과정을 통해 틀을 구성하고 합리적 사고로 분석하는 작업이다. 역사의 상수와 변수를 잘 분석하면 역사에서 교훈을 얻을 수 있다.

해 아래 새것이 없다는 말씀은 오직 하나님의 구원만이 새로움을 일깨운다. 하나님은 구원이라는 새 일을 행하시는 분이다^{사43:19; 히10:20}.[5] 하나님은 에덴에서 구원자를 약속하시고 반복을 뛰어넘는 구원 역사를 통해 우리에게 보내 주셨다^{창3:15; 사9:7}. 이 구원 덕분에 늘 같았던 우리 본성이 새로워졌다. 그렇기에 하나님의 구원을 경험한 이들은 성령의 능력에 힘입어 자연의 순환적 흐름을 이기고

---

5. 히브리서 10장 20절은 그리스도의 대속사역을 두고 '새롭다(πρόσφατō, 프로스파토스)'는 말을 사용하는데 전도서 1장 9절의 칠십인역 단어를 그대로 사용한 신약의 유일한 경우다.

세상이 감당할 수 없는[6] 삶을 살았다히11:38. 물론 구원자가 직접 오시기 전에는 그 구원을 믿은 사람도 순환적 삶에서 완전히 벗어나지 못하였음을 사사기가 잘 보여준다. 풍요롭고 안락한 삶은 이내 재물과 권세를 탐하는 우상숭배로 타락하고, 하나님이 이웃 민족을 이용해 크게 혼내시면 정신이 번쩍 들어 하나님께 울부짖고, 그러면 하나님이 지도자를 보내 구원해 주시는 일이 수없이 반복되었다삿2:11-23. 그렇게 맴돌기만 한 인생은 인간 존재의 무기력함과 더불어 구원자의 필요성을 절실하게 보여주고 있다.

하나님이 약속하신 메시아는 2천 년 전에 오셨다. 영원히 변치 않으시는 그리스도께서 우리를 거듭나게 하시고 우리 삶의 참 상수가 되어 주셨다갈2:20; 벧전1:3; 히13:8. 오늘 우리는 예수 그리스도께서 약속대로 오셔서 십자가와 부활로 구원을 이루시고 믿는 모두에게 성령을 선물로 주시는 시대에 살고 있다눅11:13; 요14:16; 행2:38. 그리스도를 구주로 믿는 사람은 성령을 모신 성령의 집이 되고, 그런 사람이 함께 모인 교회는 하나님이 사시는 하나님의 집이 된다고전3:16; 엡2:21-22. 재물이나 권력이나 미신이나 그릇된 사상의 노예가 되었던 과거를 청산하고, 그리스도께서 주시는 자유를 누리며, 성령을 따라 산다딛3:3; 벧전4:3; 요8:31-32; 갈5:16. 가시와 엉겅퀴였던 우리가 이제는 포도나 무화과 같은 좋은 나무가 되어 하나님을 기쁘시게 하는 사랑의 열매를 맺는다마7:16-18; 고후9:10; 약3:18. 이전처럼 타락과 회복을 반복

---

6. 원어(αξςιὄ, 악시오스)는 '세상에 어울리지 않는' '세상과 가치가 다른' 등의 뜻이다.

하는 대신 날마다 거룩함에 나아가며, 그리스도의 풍성함을 넉넉하게 갖춘 완전한 사람으로 사랑 안에서 자라게 된다엡4:13-16; 히5:1-2; 벧후 3:18. 새 언약에 속한 의인들은 더 이상 뒤로 물러갈 자들이 아니다히 10:38-39.

이것이 바로 교회다. 주님의 교회는 존재 자체로 오늘도 자연에 갇혀 끝없이 돌고 도는 세상을 향한 강력한 변증이다벧전2:12; 3:15; 벧후 1:4. 역사가 하나님의 구원과 완성이라는 목표를 향해 나아가고 있음을 보여주는 힘이다롬8:18-21; 계1:7. 동력은 오직 하나 새 일을 행하시는 하나님의 은혜로서, 이 힘은 예수 그리스도의 십자가와 부활을 통해 우리에게 왔다골2:15; 빌3:10. 교회의 머리이신 그리스도는 이미 온 교회를 당신으로 가득 채우시고 교회에 새 사명을 주셨다. 곧 교회의 헌신을 통해 그리스도로 세상을 가득 채워 하나님이 '모든 것 안의 모든 것[7]'이 되시게 하는 일이다엡1:22-23; 고전15:28. 그 은혜를 입은 우리는 그리스도의 제자로 복음을 땅끝까지 전할 뿐 아니라마28:19-20; 행1:8, 그 은혜의 능력을 몸으로 구현하여 사랑과 선행의 열매를 끝없이 맺음으로써 하늘에 계시는 우리 아버지께 영광을 돌린다마5:13-16; 고전6:20; 벧전2:12.

---

7. 우주 역사의 완성을 가리키는 표현으로 '타 판타 엔 파신(τὰ πάντα ἐν πᾶσιν)'으로 기록되어 있다.

2. 극우파의 재약진

오늘 세계는 극우파의 약진을 목도하고 있다. 전 세계를 휘감은 흐름으로 지난 수십 년 이어온 사상 대립이 새로운 양상에 접어든 셈이다. 미국에서 도널드 트럼프가 극우파의 강력한 후원에 힘입어 대통령에 재선됐다. 트럼프의 최측근 일론 머스크는 트럼프 당선 축하 연설 때 나치 경례를 두 번이나 했고, 트럼프 초기 참모였던 스티브 배넌도 극우파 모임인 보수 정치 행동 회의[8]에서 역시 히틀러 경례를 했다. 트럼프의 부통령인 밴스는 독일을 방문해 극우파 정당을 따돌리지 말라는 주장을 했다가 독일 정치인과 국민의 비난을 받았는데, 그 극우파 정당이 얼마 뒤의 총선에서 국민의 20% 이상의 지지를 받아 제2당이 됐다. 지금 유럽에서는 극우파가 갈수록 힘을 얻고 있을 뿐 아니라 아예 정권을 장악한 나라도 있다.

극우파의 특성은 '주류의 지배'로서, 구체적으로는 자국 중심주의, 인종주의, 소수자 배척 등으로 나타난다. 미국이나 유럽에서는 백인, 남성, 기독교인이 주류다. 이들은 특정 정부나 종교를 절대 선으로 규정하고 다른 인종, 정권, 종교를 정복해 지배하려는 특성을 갖는다. 자기와 다른 집단에 대해 강한 혐오 감정을 갖고 때로는 경멸적인 태도를 보인다. 따라서 다른 집단과 늘 갈등을 빚게 마련이고, 그 갈등을 해결할 때는 대화나 협상 같은 평화적인 방법

---

8. Conservative Political Action Conference, CPAC.

보다는 무력이나 전쟁을 선호한다. 힘으로 이길 수 있다고 믿기 때문이다. 극단적 성향이 강해지면 목표 달성을 위해 거짓도 퍼뜨리고, 심지어 폭력도 마다하지 않는다. 이런 극우파 사상이 종교와 결합하면 근본주의가 된다. 근본주의는 종교 자체의 근본에 충실하자는 참 좋은 말이지만, 역사 가운데 오염이 되어 이제는 나만 옳고 따라서 다른 종교는 비종교적 방법을 써서라도 정복하고 지배해야 한다는 정복주의로 전락했다. 중세의 십자군이 그랬고 오늘의 이슬람 근본주의가 그렇다. 그리고 최근 미국과 한국의 적지 않은 교회도 그 길을 가려 하고 있다.

극우파가 이렇게 득세하게 된 데는 유럽의 경우 무슬림 이민자들에 대한 반감이 큰 원인으로 작용한다. 유럽 주요 국가에 수백만 명씩 이민 와 살고 있는 무슬림들은[9] 종교적, 문화적 독특성 때문에 유럽의 기독교적 또는 세속적 문화에 동화되지 않는다. 오랜 기간 많은 공헌을 했음에도 주류에게는 늘 불편한 존재다. 또 경제적으로 빈곤층이 많은데, 주류 사람들은 이들을 위한 복지정책에 강한 반감을 보인다. 환경 정책이 요구하는 번거로움 역시 기후 위기 자체를 거부하는 수구파에게 힘을 실어주고 있다. 우크라이나 전쟁을 계기로 자국 중심주의 기류가 강해지면서 또 극우파는 그만큼 힘을 얻고 있다. 이들은 소수자와 약자에 대한 차별과 배제를 실행하면서 그것을 애국이라 부르지만, 그 아름다운 이름은 실상 폭력

---

9. 정확한 통계를 내기 어려운 가운데 독일 550만, 프랑스 570만, 영국 300만 정도로 추산한다.

을 감추는 무화과 잎에 불과하다.

21세기 극우파의 득세에는 포스트모더니즘에 대한 반감도 크게 공헌했다. 포스트모더니즘은 수백 년을 이어온 근대 이성주의에 대한 거부로서 절대적인 것을 부인하는 상대주의를 채택하였고 주류에 눌렸던 소수자들을 배려했다. 말하자면, 전통 가치관에 대한 진보적 반발이다. 여성 인권이 높아졌고, 흑인 등 유색인종을 위한 정책이 많이 시행되었으며, 이민이나 저소득층 같은 경제, 사회적 약자를 위한 배려가 강조되었다. 그런 분위기 가운데, 새로운 실체로 등장한 것이 소위 성 소수자였다. 그래서 지난 수십 년 동안 인종, 성별, 경제, 문화, 건강 이런 분야의 소수자보다 젠더 이슈를 중심으로 하는 성 소수자가 사회의 관심을 더 끌게 되었다. 특히 미국에서는 1990년 이후부터 약 30년 이상 그런 흐름이 이어지는 가운데 소수자에 대한 배려가 당연한 것으로 정착이 되면서 일부에서는 그게 아예 특권이 됐다는 불평이 나오기 시작했다.[10] 그래서 다수로 이루어진 주류 사람들이 소수에 대한 배려를 부정적으로 보기 시작했고, 정치인들이 그런 흐름을 이용해 권력을 잡으면서 과거처럼 주류가 주도하고 힘을 쓰는 그런 세상으로 되돌아가려 하고 있다.

포스트모던 상대주의는 처음부터 모순을 품고 있었다. 모든 것이 상대적이라 주장하는 명제 자체는 절대적이기 때문이다. 다른

---

10. 2022년 이후 미국에서 남자에서 여자로 성전환을 한 사람들이 여자수영대회에서 상을 휩쓰는 일이 반복되면서 배려와 특권에 대한 치열한 논쟁이 일어났다.

것을 존중하자는 취지는 아름답지만, 현실에서는 하나가 주도할 수밖에 없고, 결국 웃는 얼굴 뒤로 보이지 않는 투쟁이 벌어지게 된다.[11] 아티스틱스위밍처럼 물 위로는 웃으며 우아하게 연기하지만 물 아래서는 격렬하게 몸을 움직인다. 극우파의 등장은 지금껏 웃음 뒤에 감추었던 투쟁을 이제는 숨기지 않고 얼굴과 온몸으로 하겠다는 선언인 셈이다. 그리고 그 일을 상당수의 교회와 목사가 앞장을 서 부추기고 있다.

역사를 보면 원래부터 주류가 힘을 썼다. '정의는 강자의 이익'이라 했던 트라시마코스의 주장[12]은 오늘도 타당한 명제라 할 수 있다. 포스트모더니즘이 상대주의를 근간으로 하여 약자와 소수자에 대한 배려를 강조했다면, 오늘의 극우화는 그것을 거부하고 근대로 돌아가자는 보수 반동 운동이다. 하지만 단순한 복귀가 아니다. 포스트모던 감수성에 대한 불만은 주류의 주도권을 이전과 다른 방식으로 회복하려 하고 있다. 소수자나 약자를 향한 양보, 배려, 이해, 존중 이런 아름다운 인간적 가치에 대한 반감에서 비롯되기에 동물의 왕국처럼 약육강식의 세계로 회귀할 가능성이 커졌다. 하나님 형상 인간의 존엄성을 내던진다는 뜻이다. 나치 정권을 낳고 폐기된 사회 진화론마저 되살아날 조짐을 보이고 있다. 포스트모던 정서에 대한 불만이 오늘의 극우화 경향을 촉발한 것이라면, 인류는 근대의 합리적 이성주의가 아니라 약자는 무조건 배제

---

11. 이에 대해서는 필자의 책 『변하는 세상 영원한 복음』 SFC, 2020, 77-84쪽에서 자세하게 논의했다.
12. 플라톤(박종현 역), 『국가』 서광사, 2005. 원서는 Plato, *Republic*, 338c.

하고 짓밟는 폭력적 반이성주의로 돌아가게 될 것이다. 구체적으로는 나치즘, 파시즘, 공산주의 등 전체주의의 재현이다.

3. 세상 사상과 교회

세상은 그렇게 변해 왔고 앞으로도 변해 갈 것이다. 주류는 계속 세상을 주도할 것이고, 주류 내부에서 비주류에 대한 배려의 목소리가 얼마나 공감을 얻느냐에 따라 소수인과 약자의 삶이 영향을 받을 것이다. 그렇게 밀고 당기며 오늘도 역사의 수레바퀴는 돌아간다.

문제는 교회다. 하나님의 사랑을 알고 하나님의 역사를 아는 교회가 지금 그런 순환적 흐름에 말려들고 있다. 어제나 오늘이나 영원토록 동일하신 예수 그리스도를 구주로 믿고히13:8, 그런 상대적인 흐름을 뛰어넘는 하나님의 구원을 선포해야 할 교회가 그런 상대적인 것 가운데 하나를 마치 복음인 양 내세움으로써 결국 하나님의 구원을 이 땅의 이데올로기로 추락시키는 일이 오늘 일어나고 있다. 그리스도가 오시기 전에도 믿음의 사람들은 순환을 넘는 하나님의 역사를 몸으로 구현했는데, 그리스도께서 십자가와 부활을 통해 구원을 이루시고 믿는 모두에게 성령을 선물로 주신 지금, 누구든 성령대로 살기만 하면 자유 가운데 하나님을 순종할 수 있는 오늘, 다시금 과거의 노예 생활로 되돌아가려 하고 있다행15:10; 갈4:8-9; 5:1. 개인의 탐욕이 여전히 상수로 힘을 쓰는 가운데 율법주의, 공로주의, 탐욕, 배타주의가 그것을 구현하는 과거의 방식이었다면, 오늘은 극우파 이데올로기가 그 변수 역할을 맡고 있다.

우리 시대의 변화는 인류 역사에서 수도 없이 반복된 역사로서 특히 한두 세기 전 유럽에서 일어났던 그 역사와 많이 닮았다. 17-18세기 프랑스에서 왕들의 폭정이 이어지자 18세기 말 프랑스혁명이 일어났다. 앙시앵레짐Ancien Régime 즉 보수 체제를 뒤엎은 진보 혁명이다. 프랑스 혁명은 인권, 자유, 정의, 평등, 박애 등의 가치를 전면에 내세웠다. 하나님이 인간에게 주신 소중한 가치들이다. 그런데 재미있게도 이웃 독일의 교회는 그런 세속화된 사상이 사회 불안을 일으킨다는 이유로 거부했다. 진보 사상에 반대하는 보수 반동 교회가 된 셈이다. 진보가 내건 구호와 현실적 구현이 너무나 달랐기 때문일 수도 있다. 성경의 문자적 진리성을 거부하는 자유주의 신학의 등장도 이들의 태도에 영향을 미쳤다. 그래서 이들은 정치, 사회에 개입하지 않는 개인의 경건을 강조했다. 세상과 담을 쌓은 듯 보이지만 사람이 땅에 발붙이고 사는 한 정치와 무관할 수 없으므로 이들은 자기도 모르는 사이 특정 이념을 따르게 되었다.

이 무렵 독일에서 태어나 활동한 사람이 현대 유물론의 대부 포이어바흐다. 하나님 말씀 아닌 이념을 추종하는 교회를 보고 포이어바흐가 내린 결론은 기독교는 가짜라는 것이었다. 『기독교의 본질』[13]이라는 저서에서 포이어바흐는 신이 우주와 인간을 창조하셨다는 기독교 교리를 뒤집어, 신 개념은 인간이 자기 머리에서 나온 생각을 무한대로 확장해 만든 인간의 투사물에 불과하다고 비판했다. 유물론은 철저하게 반기독교적, 반성경적 사상이므로 교회가 조심하고 비판해야 할 사상이지만, 기독교에 대한 이런 공격이 교회가 개인의 경건과 세속 이데올로기를 교묘하게 뒤섞은 시절에 등장했다는 사실은 중요한 시사점이 된다.

독일교회가 강조한 개인은 언제나 공동체에 속한 개인으로서 자신을 공동체의 일원으로서 보는 특성이 강했다. 이는 교회를 넘어 독일어와 독일 문화, 나아가서는 독일 신화에 대한 사랑과 합하여 민족주의적 경향으로 발전했고, 타민족 특히 유대인에 대한 반감도 꾸준히 키웠다. 그러다가 20세기 초 러시아 혁명이 일어나면서 국가주의가 더 극단적인 형태의 국수주의로 발전했고, 외국인을 혐오하는 인종주의와 함께 반공을 중심 사상으로 내세우게 되었다. 교회가 인종차별 같은 반성경적 이데올로기를 경건이라는 이름으로 붙잡은 것이다. 그런 극우 사상의 토양이 얼마 후 배출한 것이 바로 히틀러의 나치 정권이다.

오늘 미국과 유럽 곳곳에서 보는 극우파의 약진은 백여 년 전에 있었던 역사의 반복이다. 과거의 극우파는 프랑스 혁명이 내세운

---

13. 포이어바흐(강대석 역), 『기독교의 본질』, 한길사, 2008. 원서는 Ludwig Feuerbach, *Das Wesen des Christentums* (1841)이고, 영역은 *The Essence of Chrisianity* (1854)이다. 영역 1957년 판은 칼 바르트의 서론과 리처드 니버의 서문 등 두 신학자의 심오한 해설도 함께 수록하고 있다.

자유, 평등, 인권, 박애 등을 거부하였다면, 오늘의 극우는 포스트모더니즘이 강조한 상대주의와 다원주의, 그리고 무엇보다 약자에 대한 배려를 강하게 거부하고 있다. 트럼프가 취임 직후 직접 해고한 고위직이 흑인, 여자, 아메리카 인디언 등인데[14] 그걸 우연으로 볼 사람이 누가 있겠는가? 독일, 프랑스, 영국에 이민 와 살고 있는 수백만 무슬림을 추방해야 한다는 극우파의 주장에서 사람들은 히틀러 시대의 인종주의를 떠올리고 있다.

그런데 교회가 그런 정치권을 따르고 있다. 어찌 보면 선도하고 있다고 볼 수도 있다. 미국과 유럽의 소위 보수적 교회는 극우파의 등장에 강력한 동력이 되고 있다. 극우파 이념을 설교까지 하는지는 알 수 없지만 정치인들은 교회의 그런 성향을 십분 활용한다. 그래서 트럼프는 첫 각료회의를 기도로 시작하고 그 사실을 언론에 홍보한다. 미국에서 이제 성은 남자와 여자뿐이라는 선언을 정치 아젠다 사이에 슬쩍 끼워 넣는다. 교회는 그런 한두 가지에 고무되어 해당 정권이 추진하는 모든 일에 강력한 후원자가 되어 준다. 인종주의, 배타주의, 정복주의 등 극우 사상이 그렇게 힘을 얻는다. 우리 한국교회도 이 점에서 크게 다르지 않다.

---

14. Charles Q. Brown 합동참모본부 의장, Linda L. Fagan 미국해안경비단장, Shelly Lowe 국가인문기금 회장 등인데, 세 자리 모두 백인 남자가 후임으로 임명되었다.

4. 한국교회와 우상

그래서 우리는 오늘 교회를 염려한다. 교회가 새 일을 행하시는 하나님의 능력을 보여주지 못하고 반복적인 세상의 흐름에 휘말려 있기 때문이다. 미국과 유럽의 극우파 사상은 대부분 교회가 주도하고 있다. 기독교가 우세한 나라니까 그럴 수 있다고 치부하기엔 영생 구원의 복음이 한갓 정치 이념의 도구로 전락한 부끄러움이 너무나 크다. 맛을 잃은 소금이 되어 지금 뭇사람의 발에 밟히고 있다마5:13; 눅24:35. 그리고 기독교가 우세하지 않은 한국에서도 교회가 인품과 도덕의 빛은 비추지 못하면서도 극우 사상을 옹호, 확산하는 일에는 적극적 역할을 맡고 있다.

하나님은 세상에 공의를 세우고 죄를 줄이고 선행을 격려하고 약자를 보호하기 위해 국가를 두셨다행17:26-27; 롬13:1-7; 딤전2:1-2; 딛3:1; 벧전2:13-15. 그리고 교회를 당신의 사랑 그리스도로 가득 채우시고 공의를 세우는 일 또한 사랑으로 하되 특히 고아와 과부를 배려하라고 명령하셨다미6:8; 약1:27. 그런데 오늘 교회는 주류라는 이름의 가진 자 편을 들며 약자에 대한 배려를 노골적으로 거부하고 있다. 그런 배려를 사회주의 또는 공산주의라는 이름으로 부르며 강한 혐오감을 나타내고 있다. 그런 태도는 자기를 사랑하고 돈을 사랑하는 인간성의 집단적 부패에 편승하는 것으로서 그런 죄와 악에서 우리를 건지기 위해 구원자를 보내신 하나님의 사랑과 반대의 길을 걷는 것이다벧전2:12-15; 3:14-16. 우리를 위해 이 땅에 오셔서 십자가를 지신 예수 그리스도의 은혜를 짓밟는 것과 같다 벧전2:21.

우리 한국교회는 지난 수십 년 다양한 우상을 섬겨 왔다. 성령의 시대를 살면서 사사시대 같은, 때로는 그보다 못한 모습을 많이 보였다. 복음이 처음 전파될 때는 각종 미신과 다른 종교를 타파하는 일이 과제였다면, 광복 이후에는 독재 정권의 권력을 침묵으로 지지하는 권력 숭배의 죄를 지었다. 대제사장과 장로들처럼 하나님 아닌 인간을 두려워한 죄였다 마10:28; 21:26; 막11:32; 눅12:5. 정의, 자유, 평등, 자비 등의 가치를 외면하고 소위 교회 일에만 집중하는 도피적 경향도 보였다. 그와 더불어 재물을 하나님 대신 섬기는 역사를 만들어 왔다. 경제 발전을 하나님의 복으로 간주하고 더 많은 발전이 마치 교회의 과제인 양 말해 왔다. 사랑해야 할 세상은 외면하고 정작 미워해야 할 세상을 사랑한 것이다 딤전6:6-10; 요일2:15-17; 3:16. 이런 모습은 사사시대와 다르지 않은 바알 숭배로서 그때처럼 겉으로는 여호와를 부르고 속으로는 재물신을 섬기는 위선적 모습도 똑같이 보였다 사1:13; 호2:5. 재물신을 섬긴다는 것은 그저 돈을 좋아한다는 뜻이 아니라 재물을 모으기 위해 하나님이 요구하시는 정의, 공평, 정직, 성실, 자비 등의 가치를 짓밟았다는 뜻이다 미6:8; 눅12:15-21; 렘7:9-10. 특히 고아와 과부와 가난한 자의 것을 빼앗은 죄를 하나님은 꾸중하시는데, 우리 시대의 교회가 그 잘못을 반복하고 있다 사10:1-2.

한국교회는 포이어바흐의 책을 마귀 사상이라며 멀리하면서도 사실 마음으로는 포이어바흐의 유물론을 추종해 왔다. 공산주의자

마르크스가 포이어바흐 유물론의 핵심을 돈으로 규정한 것처럼 한국교회는 조용기 등이 퍼뜨린 번영복음이라는 가짜 복음을 진짜인 양 기쁘게 수용하고 가르쳐 왔다.[15] 재물을 하나님의 복으로 믿고 그것을 얻기 위해 주님이 명령하신 하나님의 나라와 의는 애써 외면했다마6:24, 33; 딤전6:9. 그 결과 교회의 도덕적 부패는 치유하기 힘들 정도로 심각한 수준에 이르게 되었다. 거짓말로 성공한 목사, 유명세로 성공한 목사, 돈의 힘으로 성공한 목사가 지금도 한국교회를 이끌어 가고 있다. 섬김의 자리가 군림의 자리로 타락한 지 오래다마20:25-27; 막10:42-44. 목사들의 성범죄는 이제 뉴스거리도 되지 않을 정도로 흔해졌고, 최근에는 담임목사의 은퇴금으로 인한 잡음이 끊이지 않는다.

한국교회가 일관되게 돈을 사랑하였다는 사실은 교회의 공적인 발언에서도 확인된다. 돈을 사랑한 한국교회는 언제나 가진 자 편을 들었다. 성경이 하지 말라고 거듭 명령한 그 일을 교회 지도자라는 이들이 앞장서 해 온 셈이다약2:1-13; 엡6:9. 고도성장을 경험하던 시기에는 노동자들의 인권과 복지보다는 가진 자들의 이익을 충실하게 대변했다. 마르크스가 기독교를 인민의 아편이라 비난한 그 역사의 반복이다. 한국교회는 2003년 주 5일 근무제를 공적으로 반대할 때도 십계명 위반이라는 민망한 이유 외에 경제가 망한다는 기업가들의 목소리도 함께 대변했다.[16] 여유 있는 삶을 원한 대다

---

15. 이에 대해서는 필자의 책 『번영복음의 속임수』(SFC, 2019)를 참고하라.
16. 한기총이 발표한 성명서에는 당시 경영자들이 내세운 반대론이 그대로 반영되어 있다. 대형교회 목

수 노동자의 희망은 조금도 반영되지 않았다. 목회자 납세 거부 운동을 벌일 때도 세금 낼 능력조차 되지 않는 다수는 외면당하고 월급이나 퇴직금, 그리고 거기다 추가되는 전별금 등 많은 세금을 내야 하는 소위 부자 교회 목사들의 목소리만 높았다. 납세 거부의 명분으로 정부의 종교 개입 음모론까지 내세웠지만 목회자 납세가 순항하고 있는 지금 사과문은 아직 하나도 나오지 않고 있다.

5. 이데올로기 우상

권력과 돈을 섬겨 온 한국교회가 그 역사의 연속으로 이제는 극우파 이데올로기를 성경적 신앙과 동일시하는 잘못을 범하고 있다. 한국의 극우 이데올로기는 돈과 권력을 가진 주류와 사상적 유대를 갖기에 과거와 연속성을 갖는다. 그런데 교회 내의 극우파는 거기에 종교성을 덧입혀 자신의 관점을 절대시하고 다른 사람은 모두 그것을 모르거나 반대하는 적으로, 심지어 마귀로 규정한다. 자신들의 주장을 관철하는 방법에서도 양보나 희생보다 세속적인 정복과 지배의 원리를 선호한다. 그리고 무엇보다 인격적 혐오가 깊이 배어 있다. 욕설이 넘쳐나고 인격에 대한 경멸이 가득하고, 심지어 죽이라는 말까지 서슴지 않는다.[17] 천사장 미가엘은 마귀와 다툴 때도 감히 비방하는 판결을 내리지 않고 주께서 꾸짖으

사 중에도 경제가 망한다는 내용의 반대론을 말한 이가 있다.
17. 장신대 소기천 전 교수의 발언도 충격이지만 그 발언에 대한 침묵의 동조가 더 무섭다.

시기를 구했는데, 우리 시대의 극우는 비방 정도가 이성 없는 짐승 수준을 보이고 있다.유1:9-10; 벧후2:9-12.

지금 한국교회에는 한국의 정치 상황을 체제전쟁 곧 자유민주주의와 사회주의 사이의 대립으로 보는 기묘한 흐름이 있다. 극우파의 주장에 따르면, 현 정권과 보수 그룹은 전자를 선호하지만 야당과 소위 진보 그룹은 중국식 공산주의를 도입하려 하고 있으며,[18] 국회, 사법부, 언론, 경찰 등이 이미 중국을 중심으로 하는 공산주의자들의 거짓 선동에 넘어가 정부를 전복하고 사회민주주의를 도입하려 한다는 것이다. 이와 관련하여 부정선거 음모론도 많이 퍼졌다. 이들은 국민 대부분이 이런 위기 상황을 인지하지 못하고 있으며, 먼저 깨달은 자기들이 자유민주주의를 지키는 선봉이 되어야 한다고 믿는다. 교회가 특정 정당 일부의 주장을 진리인 양 채택했으니 결국 이념을 선택한 셈이다. 코로나19 기간의 정부 정책과 국회의 차별금지법 발의도 영향을 미쳤을 것이다. 이들은 체제전쟁을 영적 전쟁으로 규정하고는 그 전쟁에서 승리하는 것이 교회의 책임이라고 주장한다. 우리가 싸워야 할 영의 싸움이 혈과 육의 싸움과 같아져 버렸다.엡6:12.

그런데 한국의 극우 사상과 그에 동조하는 일부 교회는 일반적인 극우파와 다른 한 가지 특징을 보이고 있다. 극우파는 대개 민족주의를 내세우고 외세를 배격하는데, 한국의 극우파는 정반대로

---

18. 2025년 8월인 지금은 처음 글을 발표할 때(2025년 3월)와 달리 여당 야당이 뒤바뀌었다.

외세와의 협력, 심지어는 외세 의존적 경향을 보인다. 우리 역사의 특수성 때문이다. 일제강점기 이후 군사 독재를 거쳐오는 동안 우리는 잔재 청산을 제대로 하지 못했다.[19] 일제강점기에 지배자 일본에 협조한 친일 부역자들이 많은 권력과 재산을 얻었고 자녀 교육도 잘 시켰다. 나라가 빛을 되찾고서도 지난 죄를 벌주고 바로잡는 일을 하지 못했기 때문에 돈과 권력을 유지한 친일 부역자들은 군사 독재를 거쳐 오늘까지도 계속 주류다. 그래서 외세를 배격하되 선별적으로 한다. 태극기가 물결을 이루는 극우파 집회에는 성조기도 함께 등장하고, 교회가 주도하는 집회에는 미국이 대부처럼 보호하고 있는 이스라엘 국기도 보인다. 심지어 일장기가 등장한 집회마저 있다.

주류에 편승한 점 외에 한국교회가 극우 이념에 기우는 또 다른 이유는 일제강점기 이후 정부를 수립하는 과정에서 기독교인이 주도적 역할을 했기 때문이다. 이들은 남한에 자유민주주의 국가를 세운 이승만을 국부로 추앙하고, 우리를 해방하고 이승만을 도와 나라를 건국하게 한 미국을 절대 우방으로 신뢰한다. 이들은 모욕적인 십자가를 지신 예수님은 두고 이승만의 명예를 회복하려 애쓰고 있다. 어떤 교회에서는 이승만 만세까지 불렀다고 하니 이승만이 우리를 위해 십자가를 졌나 싶기도 하다고전1:13 참고. 그러면서 그런 역사의 여러 측면을 비판적으로 바라보는 관점과 충돌을 빚

---

19. 자세한 설명은 필자의 책 『변하는 세상 영원한 복음』(SFC, 2020), 240-242쪽을 보라.

고 있다. 극우파이면서 외세에 의존하는 이런 뒤집힘은 이들의 역사관뿐 아니라 현실관도 왜곡하고 있다. 이들은 자신들의 극우적 주장이 전체주의로 갈 가능성이 더 큰데도 오히려 반대로 생각한다. 그리고 전체주의 폭력에 맞서 싸운 본회퍼를 마치 자신들의 선조인 양 종종 인용한다.

대한민국의 근현대사를 보는 관점은 서로 다를 수 있다. 개인 성향에 따라, 성장 환경이나 교육에 따라 다양한 관점이 가능하다. 우리처럼 외세에 의한 강점기를 경험한 뒤, 독립투쟁과 국제정세 변화로 자유를 되찾고, 곧이어 나라가 둘로 나누어져 상극의 체제를 가졌고, 그 가운데 동족상잔의 비극까지 겪은 독특한 상황에서는 미묘한 차이가 엄청난 차이로 발전할 수도 있다. 그런데 그런 차이가 교회에 들어오더니 이내 우리 교회와 복음을 파괴하고 있다. 자신이 가진 특정 관점을 복음 자체와 동일시하여 결과적으로 영원한 복음을 이 땅의 상대적인 것 수준으로 끌어내리기 때문이다. 복음을 참 기초로 삼아 역사를 살폈다면 너와 내가 크게 다를 까닭이 없겠으나, 특정 이념을 먼저 구축한 다음 그것을 복음에 결부하므로 너와 나 사이의 차이가 너무나 크고 복음은 내 사상을 정당화하는 도구로 전락하고 만다.

6. 디지털 영지주의[20]

　해 아래 새것이 없는 세상에서 우리 시대의 사상 대립을 이전보다 첨예하게 만드는 굵직한 변수 하나는 디지털문화다. 구체적으로 유튜브와 인공지능이다. 이전에는 수십 권 책을 탐독하고 논문도 몇 편은 써야 파악이 되던 역사와 사상 그리고 사실에 대한 해석을 이제는 유튜브 몇 개만 보면 누구나 전문가처럼 잘 알게 된다. 또 그 어떤 의문이나 궁금증도 챗지피티ChatGPT에게 물어 해결할 수 있다. 그래서 이제는 포스트모던 시대답게 누구나 폭넓은 영역에 대해 또 전문적인 분야에 대해서도 자기만의 지식을 구축하게 되었고, 서로 다른 의견을 가진 사람들 사이에서는 누가 옳은지 경쟁을 벌이는 일이 많아졌다.

　이제는 모두가 너무나 똑똑해졌다. 저마다의 세계관이 워낙 짜임새가 있어 다른 관점들과 조화시키기가 극도로 어려워졌다. 유튜브에서 확보한 내 의견이 상대에게 설득당하기에는 너무나 완벽하기 때문이다. 일종의 영지주의적 경향이다. 모두가 자기만의 지식을 가진 유튜브 영지주의가 온 세상을 휩쓸고 있다. 신약이 기록되던 시절의 사상이 이천 년 후 재현되니 정말 해 아래는 새것이 없다. 이천 년 전의 영지주의는 나만의 비밀 지식이 있어야 구원을 얻을 수 있다고 가르쳤다 딤전6:20; 요일2:20-21. 오늘은 구원과 무관하

---

20. 이 부분은 글 발표 이후 2025년 5월 21일 기윤실 웹진 《좋은나무》에 〈디지털 영지주의〉라는 제목으로 간략하게 정리해 두었다.

게 모두가 자기만의 지식을 유튜브 알고리즘에 따라 축적하고 나와 다른 관점을 가진 이들을 무식한 사람으로 규정하는 시대가 되었다. 같은 일, 같은 역사를 두고도 어떤 유튜브를 보았느냐에 따라 해석은 정반대가 된다. 그런 차이를 인식하고 대화하려 애써 보지만 정치든, 경제든, 문화든, 사상이든, 의견의 일치가 어려울 정도로 우리 각자는 자기만의 세계에 너무 깊이 안착해 있다.

영지주의의 첫 특성은 오만이다. 자기만 옳다는 독선이다. 우리 시대의 디지털 영지주의도 그런 모양을 갖는다. 말이 서로 안 통하니 바벨탑 혼란의 재현이다. 그래서 이념을 둘러싼 대립이 커진다. 앞으로는 더 심각해질 것이다. 괜찮다. 세상에서는 좋은 일이다. 서로 다른 관점이 서로 대립하고 토론하고 조화의 길을 찾으면서 돌아간다. 오늘날 역사와 현실에 대한 두 가지 상반된 해석이 있다. 사람마다 성향이 다르고, 또 많이 본 유튜브 동영상이 다르기 때문이다. 한국이 사회주의 초입에 들어섰다며 걱정하는 이들이 있는가 하면, 오늘도 죽어 나가는 비정규직 노동자들의 삶을 아파하면서 그들도 인간다운 대접을 받는 세상을 꿈꾸는 이들도 많다. 그걸 이념전쟁으로 보기도 한다. 하지만 관점이든 이념이든 생각이 다르면 상대를 존중하면서 대화와 토론을 통해 평화를 모색하면 된다.

문제는 다시금 교회다. 목사가 그런 여러 개 가운데 하나를 가져와 진리라고 주장한다. 교회에서 성령의 인도 대신 유튜브 알고리즘의 인도를 받는 목사가 적지 않다. 목사는 정치 전문가가 아니지만 그 알고리즘을 따라 전문가보다 더 잘 알고, 그렇게 형성한 자신의 이념을 성경적 관점이라 착각하고, 그것을 강단에서 선포하며 성도에게도 가르친다. 성도들도 같은 알고리즘을 따르게 되니 전체가 그 사상에 동화되고, 다른 사람 다른 집단과는 말도 통하지 않게 된다. 그 이념은 소위 극우파일 수도 있고 극좌파일 수도 있다. 어느 것이든 내 이념이 그리스도의 십자가보다 중요하다고 생각된다면, 그래서 예수를 믿든 안 믿든 나와 이념적으로 하나 되는 것이 더 중요하다고 본다면, 그것은 이미 이념을 우상으로 섬기고 이념의 노예가 되었다는 뜻이다.

교회는 복음을 가졌다. 복음은 영원토록 동일하신 예수 그리스도를 상수로 가져 모든 차이를 뛰어넘는다. 예수 그리스도의 십자가는 유대인과 헬라인, 주인과 노예, 부자와 가난한 사람, 남자와 여자 사이의 차이까지 뛰어넘는 능력이다갈3:28; 엡2:11-18; 골3:11. 그런데 오늘 교회는 복음의 그런 포괄적 능력을 보여주지 못하고 있다. 이념에 빠진 유튜브 영지주의 때문이다. 결과는 언제나 같다. 과거 영지주의는 예수가 그리스도이심을 인정하지 않았다요일4:1-6. 우리 시대의 디지털 영지주의 역시 자신들만의 지식에 오롯이 사로잡힌 결과 예수 그리스도의 몸을 찢고 십자가 복음을 짓밟고 있다고전1:13; 행20:30; 요일2:19.

우리 시대 교회가 어떤 마법에 사로잡힌 것 같다는 생각도 해 본다. 우상 숭배와 통한다. 우상은 아무것도 아니지만 그것을 섬기게 되면 감각을 잃고 판단력도 상실한다시115:4-8; 135:15-18; 사44:9-20; 렘

5:21; 10:1-5. 너와 내가 생각이 다른 게 문제가 아니라 상대적인 것들 가운데 하나를 절대 선으로 규정하고 그 규정에 대한 성경에 근거한 합리적 의문, 논의, 검토는 생략한 채 다른 모두를 마귀로 보는 관점은 그런 힘이 아니고서는 설명하기 어렵다. 대상과 약간의 거리를 두어야 관찰도 하고 분석도 가능한데 완전히 한 덩어리가 되어 버렸다. 그런 상태에서는 하나님의 영과 적그리스도의 영을 분간할 수가 없다요일4:1-3. 교회가 그런 우상 숭배에 빠졌다면 하나님의 엄벌이 있을 것이다. 사사기를 다시 읽어야 할 것이다.

7. 교회의 정치 참여

우리는 하나님의 절대주권을 믿으며, 세상 역사도 하나님의 정교한 통치 아래 있다고 믿는다롬9:17-23; 마10:26. 우리는 또 예수 그리스도를 구주로 믿으며, 정치를 포함한 우리 삶의 모든 영역에서 그리스도가 주가 되시기를 바라고 기도한다골2:6; 고후10:5; 벧전3:15. 교회를 세우신 뜻이 그것 아닌가? 그리스도인도 세상 나라에 몸담고 사는 이상 정치활동을 한다. 납세, 교육, 국방, 근로 등과 함께 참정권 역시 의무이기도 하다마22:21; 롬13:1-7. 정치적 의견을 형성하고 그것을 나누고 공적으로 발표할 자유와 책임도 있다. 목사도 시민인 만큼 그 정도의 자유를 누리고 책임을 수행하는 것이 마땅하다. 그리고 말씀을 맡은 책임자로서 사람들에게 정치에 대해 말씀으로 가르칠 의무도 있다. 구약의 이스라엘을 오늘의 국가에 적용하는 것은 무리가 있겠지만 구약 선지자들도 애굽, 바벨론 등 세상 나라를 두고 꾸짖었고, 세례 요한도 헤롯 왕의 악행을 정죄하다 순교한 바 있다 마14:3-12.

우리는 다만 하나님이 국가 또는 정부를 두신 목적과 교회를 두신 목적이 다르다는 점을 잊어서는 안 된다. 국가는 하나님의 일반 은혜의 하나로서, 소극적으로는 죄를 줄이기 위해, 적극적으로는 정의와 자유와 질서를 확립하기 위해 주신 기관이다 행17:26-27; 롬13:1-7; 딤전2:1-2. 하나님을 모르는 사람들도 본성에 따라 국가를 세워 그 일을 해 나간다. 하지만 인간의 죄와 부패가 상수로 존재하기에 정의, 평등, 자유, 질서, 보호 등이 제한되거나 왜곡될 수 있다. 그래서 독재가 나쁘고, 전체주의, 공산주의가 나쁜 제도가 된다. 그리스도인도 바른 정치를 위해 일한다. 그렇지만 하나님이 나라를 세우신 목적이 무엇인지 명확하게 알고 그 목적을 이루는 일에 최선을 다한다. 인간의 부패와 제도의 한계를 알기에 정직하게 하고 감시 체제도 구축하고 힘의 균형도 맞추려 애쓴다. 그런 목적을 이루는 것은 정치에서 하나님의 나라와 의를 이루는 일이요, 곧 정치 영역에서 그리스도의 주권을 확립하는 일이기도 하다.

많은 목사가 나라의 앞날을 걱정한다. 이대로 두면 우리나라가 중국 같은 공산주의 국가가 될 것이라며 막아야 한다고 주장한다. 디지털 영지주의 시대답게 그럴듯한 논리도 꽤 갖추고 있다. 사실 기반이 없는 억측과 선동이 많지만, 설령 사실이라 해도 그런 염려나 활동이 교회나 목사의 일차 과제는 아니다. 고려시대 불교는 나라를 지키는 일에서 존재 의미를 찾았기에 호국불교라는 이름을 얻었다. 하지만 교회는 호국기독교가 아니다. 주님이 교회를 세우신 뜻은 세상 나라를 지키라 하심이 아니라눅22:30; 요18:36, 하나님 나라 복음을 전하라 하심이다마6:10, 33; 28:19-20; 눅9:60. 내가 가는 어디에서든 복음을 구현하되 세상 나라 역시 하나님이 나라를 세우신 뜻에 맞게 운영되도록 돕고 기도하는 것이 우리의 사명이다. 세상 나라가 독립을 유지하는 일, 경제적으로 발전하는 일, 심지어 어떤 체제를 가질 것인가 하는 것조차 교회의 존재 목적은 아니다. 시민의 하나로서 필요하면 전쟁에도 나가야 하겠지만, 그렇게 세상 나라를 지키는 그 자체가 보편 교회의 존재 목적은 아니다.

한국의 적지 않은 교인이 대한민국 체제를 가리키는 민주주의 앞에 자유라는 글자를 즐겨 붙인다. 인민 민주주의를 반대하는 뜻이라면 얼마든지 좋다. 지금 대한민국 정도의 자유가 계속 유지되는 것은 모두가 바라는 일이다. 그런데 자유가 그렇게 간단한 개념은 아니다. 기본적으로 불간섭을 뜻하는 소극적 자유가 있는가 하면, 반대로 자기 결정권 곧 인간적인 삶을 유지하는 적극적 자유도 중요하다.[21] 보수 정권은 소극적 자유를, 진보 정권은 적극적 자유를 강조하는 경향이 있는데, 성경은 둘을 똑같이 강조한다. 하나님은 경계표를 옮기지 말라는 명령으로 소극적 자유를 인정하시면서신19:14; 27:17 그 구체적 실천은 고아와 과부를 돌아보라는 명령과 엮

---

21. 칸트가 힌트를 주었고 아이제이아 벌린이 체계를 세웠다. Isaiah Berlin, "Two Concepts of Liberty"를 참고하라.

으심으로써 적극적 자유를 강하게 요구하신다잠15:25; 23:10-11. 혹 적극적 자유가 말살된 곳에서 자유의 노래가 들려온다면 그것은 가진 자들의 탐욕에 불과하다. 정신을 바짝 차리지 않으면 순식간에 극우 이념에 빠진다. 교회는 성경을 잘못 이해하고 잘못 적용하여 이데올로기를 옹호하는 잘못을 저지르지 않도록 정말 조심해야 한다.

그리고 적극적이든 소극적이든 정치적 자유는 성경이 말하는 자유와 같은 것이 아님을 알아야 한다. 하나님을 섬기는 자유가 있다면 감사하고 최대한 그런 자유를 지키도록 애써야 하겠지만, 그런 정치적 자유를 지키는 것은 그리스도께서 우리에게 주신 자유를 누리는 것과 다른 차원이다요8:31-32; 갈5:1; 요15:20. 그리스도의 제자 된 우리는 정치적 자유를 지키려 애쓰기보다 주님이 가르치신 대로 박해 가운데서도 성령을 따르는 자유, 신앙인의 양심을 지키는 자유가 더 중요함을 잊어서는 안 된다마10:19-20, 32-33; 눅12:7-12; 요8:31-32; 갈5:1, 16.[22]

8. 정치와 신앙

정치와 신앙은 다르다. 정치가 삶의 한 영역이라면 신앙은 정치를 포함해 삶의 모든 영역을 주도하는 원리요 동력이다. 믿음으로 하지 않은 것은 다 죄이며, 우리는 모든 일을 사랑으로 해야 한

---

22. 이승만 전 대통령은 갈라디아서 5장 1절을 정치적으로 풀어 민족 독립과 연결했다.

다롬14:23; 고전16:14. 이 원리, 곧 우리의 믿음과 사랑은 절대적인 것이다. 그리스도를 영원한 상수로 모신 자리요, 백 퍼센트의 헌신이 요구되는 영역이다. 우리 주님께서 십자가를 져 우리에게 영생과 구원을 주셨기에 우리는 이 믿음을 끝까지 붙들어야 하며, 이것을 지키기 위해 목숨도 내놓을 수 있어야 한다마10:28; 요일3:16. 그런 태도가 바로 세상이 감당하지 못하는 삶이다히11:33-38.

그런데 우리의 이 신앙을 삶에 적용하면 정치가 된다. 신앙이 절대적이라면 정치는 상대적이다. 태아도 생명이라 믿는 것은 우리 신앙이지만, 그 생명을 지키자 홍보하고 낙태 금지법 제정을 위해 운동하는 일은 정치적 활동이다. 상수와 변수의 결합이다. 상대적이기 때문에 태아는 생명이 아니라고 믿는 이들과 경쟁을 벌여야 하고, 이 경쟁에서 나와 생각이 다른 이들을 존중하고 대화와 타협을 통해 뜻한 바를 구현하려고 노력해야 한다. 태아의 생명이 소중하다고 해서 낙태를 찬성하는 사람에게 폭력을 행사해서는 안 된다. 동성애도 마찬가지다. 동성애를 죄라고 믿는 것은 우리 신앙이지만, 현실에서 만나는 동성애자를 동등한 인격으로 대우하지 않고 혐오와 차별을 가한다면 바른 태도일 수 없다. 어떻게 보면 절대적인 것과 상대적인 것을 구분하는 이 일에 성경적 보수와 극우의 차이가 있다고도 할 수 있다.

목사는 구체적인 사안도 설교에 언급할 수 있다. 미국의 노예제도나 남아프리카 공화국의 아파르트헤이트 폐지에 대해서는 좀 강하게 말할 수 있을 것이다. 그 제도의 기본 원리와 명백한 현실을 누구나 알고 있기 때문이다. 오늘 한국의 많은 강단에서 들려오는 정치 설교는 그게 아니다. 하나님의 공의에 대한 말씀을 인용하지만, 그것은 특정 정파의 입장을 두둔하고 반대 정파를 공격하기 위한 수준으로 전락한다. 왜 내가 옳고 상대가 그른지는 유튜브 영지주의의 설명 정도다. 무엇보다 객관적 확인이 되지 않는 주관적 억측이 많아 일반 국민뿐 아니라 성도들의 공감도 얻기 어렵다. 그런데도 그걸 진리인 양 선포하고 기도나 믿음을 그걸 성취하는 도구로 전락시킨다.

이런 질문을 해 볼 수 있다. '예수라면 캐딜락을 타셨을까?' 주님이 우리 시대에 활동하신다면 당연히 그런 고급 승용차는 안 타실 것이다. 하지만 목사가 강단에서 설교할 때는 믿음에 따른 성경적 경제 원리만 가르쳐야지, 특정 차종을 타라, 타지 말라 하는 것은 복음의 절대성을 훼손하는 일이 될 수 있으니 삼가야 한다. 혹 예화로 언급해도 조심해야 한다. 정치라면 당연히 더 그럴 것이다. 훨씬 복잡하고 무척이나 민감하기에 정말 조심해야 한다. 우리가 전할 것은 오직 주 예수의 십자가 하나이기 때문이다.

정치는 상대적일 뿐 아니라 죄인의 활동이다. 하나님의 구속을 경험하지 못한 세계다. 그리스도인이 몇 명 끼었다고 세속 정치가 거룩해지지 않는다. 해 아래 새것이 없음을 알아야 하며, 오직 예수 그리스도의 구원만이 새로움을 잠시도 잊어서는 안 된다. 정치는 그렇게 상대적이고 타락한 영역이기에 내가 지지하는 정당이 백 퍼센트를 가져도 하나님 나라는 이루어지지 않고, 내가 반대하는 당이 집권해도 하나님 나라는 조금도 손상되지 않는다. 특정 정당이나 이념의 성패를 영적 전투의 승패와 동일시하지 않도록 정말 조심해야 한다.

교회의 관심, 목사의 관심은 어디에 있어야 할까? 기독교 신학의 틀을 세운 교부 아우구스티누스가 참 좋은 본이 된다. 『De Genesi ad litteram 창세기의 문자적 해석』이라는 책에서 창세기 1장이 말하는 하루를 24시간으로 단정하지 말 것을 주문한다.[23] 세월이 가면 과학이 발전해 천지창조에 대한 지식이 많아질 수도 있는데, 만약 그때 창세기의 하루가 24시간이 아니라는 게 밝혀진다면 우리가 성경 한 부분을 잘못 해석한 결과 성경이 전하는 예수 그리스도의 십자가 복음 역시 사람들 눈에 가치가 떨어질 것이라는 이유 때문이었다. 창세기 해석법이 옳다 그르다를 떠나 말씀이 왜 있고 설교가 왜 있는지 바로 지적한 것이다. 말씀을 해석하든 현장에 적용하든 오직 하나 예수 그리스도의 십자가 복음을 바로 전하고자 하는 그 열정이 오늘도 말씀을 선포하는 목사가 가져 마땅한 태도일 것이다.

고려신학대학원에서 교의학을 가르치고 은퇴한 유해무 교수는 현금의 교회를 염려하며 기독교보에 기고한 글에서 이렇게 말하고 있다.

---

23. 아우구스티누스, 『De Genesi ad litteram (창세기의 문자적 해석)』 1장 19, 39항. 아퀴나스도 이 부분을 활용했다. 아퀴나스 『신학대전』 1부 68문 1항 1답.

"강단에서 복음의 순수한 음성이 잘 들리지 않는다. 복음 전도자인 목사들이 겁도 없이 복음 아닌 것을 강단에서 전하고 있다. 복음 아닌 것을 전하자고 서로 격려하고 있다. 목사가 비복음으로 선동하고 세를 규합한다. 그것을 들으려고 모인 사람들이 그런 비복음, 반복음에 환호한다. 코로나로 한국교회를 경고하신 주님, 이제 촛대를 옮기고 계신다."[24]

마무리

반복되는 역사 속에서 이념은 부침을 거듭한다. 지금 부상하고 있는 극우파 이데올로기도 인간 일반이 하나님의 형상 특유의 공감과 이해와 자비를 회복하면 금방 퇴조할 것이다. 교회가 그런 이념을 복음인 양 들붙는다면 그 이념이 사라질 때 함께 도태할 것이다. 그렇게 사라지기 전에도 특정 이념과 한편이 돼 버리면 그 이념에 동의하지 않는 다수 국민을 적으로 만들게 된다. 대화마저 막힌 그들에게 무슨 전도를 하며 어떤 봉사를 할 수 있겠는가? 설령 그런 이념이 예상보다 오래간다 해도 하나님의 섭리와 그리스도의 십자가 구원을 믿는 이들이 그런 시대적이고 상대적인 이념을 복음과 같은 가치로 올려 숭배하는 것은 크나큰 잘못이다. 지금은 사사시대가 아니다. 과거에는 이민족을 불러 벌을 주셨지만, 성령이 오신 지금 교회가 다시금 우상에 빠진다면 사사기를 펼쳐보기도

---

24. 유해무 〈강단의 훼손, 교회의 위기!〉, 《기독교보》 2025년 3월 18일, 온라인.

전에 주님은 촛대를 옮기실 것이다계2:5; 마5:13.

교회는 구주 예수 그리스도로부터 영광스러운 책임을 부여받았다. 성령께서 오신 이후 사사시대의 순환을 끝내고 이제는 그리스도에게 붙어 사랑의 열매를 풍성히 맺음으로써 오늘도 쳇바퀴처럼 돌아가는 세상을 향해 역사의 방향과 목표를 보여주는 책임이다. 그 일을 잘 하라고 목사를 세워 말씀을 맡기고 하나님의 새 일을 선포하게 하셨다. 우리가 선포하고 널리 전할 하나님의 새 일은 특정 정권과 친구나 원수가 되는 것도 아니고, 어떤 사상을 주도하거나 배척하는 일도 아니고, 오직 예수 그리스도 십자가 복음의 선포와 구현이다. 이념이나 정치도 오직 그리스도 발아래 무릎 꿇게 만드는 것이 우리의 책임이며, 그것이 이 땅에 교회를 세우신 주님의 뜻을 순종하는 일이다고후10:5.

참고자료

권수경, 『번영복음의 속임수』, SFC, 2019.
권수경, 『변하는 세상 영원한 복음』, SFC, 2020.
아우구스티누스, 『De Genesi ad litteram(창세기의 문자적 해석)』, 1장 19, 39항.
유해무, 〈강단의 훼손, 교회의 위기!〉, 《기독교보》 2025년 3월 18일. 온라인.
포이어바흐, 『기독교의 본질』, 강대석 옮김, 한길사, 2008.
플라톤(박종현 역), 『국가』, 서광사, 2005.
F. Nietzsche, *The Gay Science*, 1882 & *Thus Spoke Zarathustra*, 1887.
Isaiah Berlin, "Two Concepts of Liberty".
M. Heidegger, *Nietzsche*, Vol. 2, HarperOne, 1991.
S. Kierkegaard, *Repetition*, Princeton, 1983.

2장

교회는 왜, 어떻게 정치화에 굴복했는가?

성희찬

최근 한국교회에 나타난 교회의 정치화 현상과 관련해서 역사에 나타난 세 가지 실례(히틀러 시대 독일교회, 현 미국 대통령 트럼프를 따르는 교회, 1930년대 한국교회)를 제시해서 교회가 왜, 어떻게 정치화에 굴복하는지를 살폈다. 이로써 지금 우리 교회에 주는 교훈을 얻고자 한다.

정치에 빠진 교회

2024년 10월 27일 주일에 서울 광화문 일대에서 동성혼 합법화와 포괄적 차별금지법 등 악법 통과를 막고 나라와 교회를 바르게 세우기 위한 취지로 〈10·27 한국교회 200만 연합예배〉가 열렸다. 이후 대통령의 계엄선포12월 3일와 헌법재판소의 탄핵 결정2025년 4월 4일이라는 일련의 과정을 거치며 일부 교회와 단체를 중심으로 신자의 정치 참여라는 이유로 교회의 강단에서 공공연하게 특정 정치인과 특정 정당을 지지하거나 반대하는 일이 있었다. 나아가 어떤 이들은 서울서부지방법원 폭동2025년 1월 19일에서 본 대로 폭력을 정당화하기도 했다. 어떤 이들은 치리회라 불리는 당회와 노회, 총회, 나아가 각종 단체와 기관에서 자신들의 입장을 강하게 주장하며 동조하지 않는 이들에 대해 거센 비난을 퍼붓는다. 이러한 교회와 지도자, 교인들의 소위 '교회의 정치화'에 대한 우려가 한국교회와 사회 일각에서 일어났다.

'교회의 정치화'란 어떤 것이며, 이와 관련해서 특별히 지난 교회 역사에서 우리가 배울 교훈은 없을까? 교회의 정치화란 간단하게 말해 교회가 정치에 종속되거나 그 도구로 전락하는 것을 가리킨다. 본 글은 교회의 정치화와 관련해서 지난 교회 역사에 나타난 세 가지 실례를 제시해서 교회가 도대체 왜, 어떻게 정치화에 굴복했는지를 살피고자 한다. 이로써 지금 우리 교회에 주는 교훈을 얻고자 한다.

세 가지 실례는 히틀러 시대 독일교회, 현 미국 대통령 트럼프를 따르는 교회, 1930년대 한국교회다.

1. 히틀러 시대의 독일교회

히틀러 시대 독일의 '고백교회'를 언급하며 오늘날 교회도 고백교회처럼 교회가 적극적으로 정치에 참여해야 한다고 주장하는 이들이 있다. 근데 이는 큰 오해다. '고백교회'는 정치에 참여한 적이 없다. 고백교회의 신학적 선언, 곧 칼 바르트가 주요 작성자로 알려진 〈바르멘 선언〉은 신학적이며 교회적인 잡초를 제거하는 것이었지 정치적 잡초를 제거하는 것이 아니었다. 〈바르멘 선언〉에는 나치 국가를 노골적으로 비판한 문장이 없다. 이것은 우연이 아니다. 〈바르멘 선언〉의 초안 작성자 중에는 바르트처럼 나치의 정치를 반대한 사람들이 있었지만, 정치적으로 보수적인 사람들이나 일부 루터교회 교인들처럼 히틀러의 지도력에 열광하는 개인들도 포함되었다. 따라서 〈바르멘 선언〉에는 나치나 나치 이데올로기에 대해 대적하는 단어로 이해할 수 있는 단어는 없다.[1]

당시 고백교회는 수적으로 교세의 1/3 정도에 불과했다. 고백교회는 오히려 대다수 교회가 정치의 도구로 전락할 때 이에 맞서 교회와 강단을 지키려고 했다. 그때 대다수 교회와 신학교 교수들은 모두 히틀러의 나치즘을 지지하며 정치화의 도구로 앞장섰다 게르하르트 키텔이 대표적 인물이다. 따라서 우리는 히틀러 시대의 교회를 말할 때 다음 질문을 던지는 것이 옳다고 생각한다.

---

1. 로버트 에릭슨(김준오 역), 『홀로코스트의 공모: 나치 독일의 교회들과 대학들』(한국기독교연구소, 2024), 156-160쪽.

"독일의 주류 교회는 왜 정치화에 굴복하였는가?" "그런데 고백교회는 왜 교회의 정치화를 반대했는가?"

1) 독일교회가 정치화가 되는 배경은 무엇일까? 독일의 대다수 교회가 1933년을 전후로 정치화되는 배경은 다음과 같다.[2]

첫째, 군사적 패배다. 독일은 제1차 세계대전 1914-1918년의 군사적 패배로 연합군에 의해 강압적인 베르사유 조약을 체결한다 1919년. 이로 인해 엄청난 상이군인과 전몰자 유가족 지원비뿐 아니라 전쟁을 위해 발행했던 국채 415억 달러와 전쟁배상금 125억 달러 등 독일 정부가 갚아야 했던 부채상환액이 1918년부터 13년 동안 연간 국가 전체 수입의 38%에 달했다.

둘째, 정치적 위기다. 군사적 패배와 함께 군주제가 철폐되고 바이마르 공화국 1919-1933년이 들어선다. 자유주의적이고 민주적인 정부를 표방하며 14년을 지낸다. 그러나 우파를 중심으로 바이마르 체제를 경멸하는 분위기가 조성되고, 배신자 프레임을 씌워서 독일의 좌파들, 특히 유대인들과 사회주의자들에게 독일이 지금 겪고 있는 모든 위기의 책임을 돌리게 된다.

셋째, 경제적 위기다. 독일은 1930년 전후로 역사상 최악의 인플레이션 위기를 겪는다. 빵 한 덩어리가 1마르크 하던 것이 단 몇 달 사이에 1조 마르크로 오른다. 500억 달러의 돈을 갖고도 우표

---

2. 위의 책, 36-41쪽.

한 장을 살 수 없었다. 세계적 대공황이 독일을 강타했다.

넷째, 문화적 위기다. 바이마르 공화국 아래에서 문화적 규범과 가족에 대한 전통적인 가치가 급속도로 변화한 것으로 인한 위기다. 특별히 개인의 자유와 선택이라는 민주주의 이상의 뒷받침 아래 여성이 자기 목소리를 내기 시작했고, 전통적인 성 윤리가 붕괴하기 시작했다.

2) **이런 배경에서 1933년 히틀러와 극우 나치당이 등장하여 독일이 겪는 총체적 위기에 대해 원인과 해결책을 제시한다.**

첫째, 지식인을 중심으로 한 좌파와 유대인에게 총체적 위기의 일차 원인이 있음을 알린다. 나아가 이들에 대한 분노와 혐오, 공격을 일삼고, 심지어 이들을 반국가세력으로 규정했다.

둘째, 바이마르 공화국의 무능과 비효율성을 비판했다. "바이마르 공화국의 민주주의가 아웃사이더들을 인사이더로 만들었다"[3]라며 유대인, 카톨릭, 사회주의가 정부에 들어오는 것을 비판하면서 바이마르 공화국의 민주주의와 다원주의를 신랄하게 공격했다. 그리고는 바이마르 공화국 이전의 빌헬름 시대_{1888-1917년}의 권위주의 복고를 주장했다.

셋째, 독일 적국들의 술수에 대한 공격과 함께 베르사유 조약을 거부했다.

---

3. 위의 책, 43쪽에서 재인용. Peter Gay, *Weimar Culture: The Outsider as Insider* (W.W. Norton, 1961).

넷째, 경제적 번영을 약속했다.

다섯째, 강한 민족과 국가, 국가의 새로운 탄생과 하나 됨을 주장했다.

여섯째, 러시아의 볼셰비키 혁명1917년과 공산주의로부터 국민과 교회를 보호하겠다는 약속을 했다.[4]

3) 바로 이때 1933년을 중심으로 교회의 정치화가 본격화되기 시작한다.

독일이 직면한 총체적 위기를 해결하기 위해 1933년 히틀러와 극우 나치당이 등장한 것과 함께 개신교회에 〈국가프로테스탄트〉 운동이 형성된다. 이 운동에 세 부류가 속한다.[5]

첫째, 독일교회연맹Bund für deutsche Kirche: 1921년 5월 베를린에서 시작한 운동으로 민족주의 색채를 가지고 '게르만적' 기독교를 회복해야 한다고 주장한다. 이 연맹은 독일의 신화, 전설, 민담, 영웅담을 기초로 독일식의 종교를 만들려고 한 일종의 독일신앙운동Deutsche Glaubesbewegung, DGB에 속해 있다. 이들은 민족교회, 독일종교, 독일교회, 국가교회와 같은 용어를 사용한다. 독일이 재건하려면 하나의 민족으로 통합되어야 하며, 국가교회만이 독일을 다시 일으킬 수 있다고 역설한다. 이는 종교혼합주의에 가깝다.

둘째, 튀링겐 제국기독교인의 교회운동Thüringer Kirchenbewegung

---

4. 추태화, 『권력과 신앙: 히틀러 정권과 기독교』(씨코북스, 2012), 11쪽.
5. 위의 책, 33-106쪽.

Deutsche Christen: 〈국가프로테스탄트〉 운동 중에서 가장 활발하게 움직이면서 정치화되었던 이들은 제국기독교인이었다. 이들은 16세기 종교개혁가 마르틴 루터의 종교개혁 활동 지역인 독일의 튀링겐주수도: Erfurt를 중심으로 정치적으로는 민족주의, 신학적으로는 루터파이며, 반민주 반유대적 성향을 가진 이들이었다. 이들은 기존의 독일교회인 〈독일복음주의교회협의회〉의 해체를 요구했다. 모든 정치적 사회적 사안마다 목소리를 냈으며, 히틀러를 하나님이 보낸 자나 독일 역사를 위해 보낸 구원자로 칭송했다. 교회보다 민족을 더 우선하여 하나님이 교회가 아니라 민족을 세워서 다스리신다고 주장했다. 그래서 매 순간 히틀러를 위해 결정해야 하고, 민족을 위한 나치 투쟁에 참여해야 한다고 보았다. 그러나 이들은 여기서 구원 역사와 세속사인 독일민족 역사를 혼동한다. 이들 교회는 교회와 정치를 통합하여 국가정책에 반영시키고, 이를 통해 기독교 전파를 활성화하려는 의도를 가졌다. 그래서 교회가 가장 정치화된 운동이라고 할 수 있다.

셋째, 기독교-독일운동파Christlich-deutsche Bewegung: 첫째나 둘째보다 온건한 운동이다. 이 운동은 북부 독일 폼머른Pommern을 중심으로 교계 지도자들이 모여 일으켰다. 당시 명성 있는 신학자들이 가세했다. 제국기독교인의 교회 운동이 지극히 정치적이었다면, 기독교-독일운동은 신학적인 영역에 머물러 있었다. 기독교의 역사적 의미를 강조하면서 기독교가 어떻게 역사적 전환점에서 의미 있는 행동을 할 수 있는가를 강조했다. 이들은 지금 눈에 보이는 사건이 곧 섭리이며, 그것이 국가의 질서를 결정한다고 보았다. 그래서 교회 안에서 정권에 반하는 설교를 해서는 안 된다고 주장했다. 이들의 주장은 상당 부분 나치가 의도한 신학과 신앙 노선을 이론적으로 뒷받침했기 때문에 나치에 이용당했거나 나치 이데올로기에 부역했다. 여기 가담한 신학자들은 주로 루터 신학에 영향을 받은 이들로서 친나치, 반유대적 입장을 가졌다. 프리드리히 고가르텐F. Gogarten, 파울 알트하우스P. Althaus, 게르하르트 키텔G. Kittel 등이 있다. 특히 키텔은 1934년 〈바르멘 신학 선언〉 후 작성자 중 한 사람인 칼 바르트에게 공개편지를 보내어 이 선언이 "영적 혼란"을 가져오고 "기독교회의 황폐화", "교회의 파괴"를 가져온다며 비판했다. 이 서신에 600명 이상의 뷔르템베르크 친나치 목사들과 14명의 튀빙겐 신학 교수들이 지지한 12개 조항을 동봉했는데, 그 일부를 보면 다음과 같다.

> "역사의 주관자 되시는 하나님이 어려운 고난에서 나오도록 우리 민족에 지도자와 구원자로 히틀러를 보낸 것에 감사한다. 국가사회주의운동은 교회에 영원한 복음으로 이루기를 원하시는 내용을 주셨다…."[6]

〈국가프로테스탄트〉 운동에서 통용되는 용어가 있다. '바람직

---

6. 위의 책, 102-103쪽.

한 기독교'Positives Christentum다. 나치는 히틀러 정권의 기초가 기독교라 선전하면서 이 용어로 다음과 같은 이론을 전개했다. 첫째, 나치와 기독교는 독일을 비참한 상황에서 건져내는 같은 목적을 추구한다. 둘째, 국가사회주의의 기초는 기독교다. 그러므로 기독교는 나치에 협력해야 한다. 셋째, 기독교와 국가사회주의는 똑같이 독일 민족을 위해 봉사한다. 그러므로 기독교는 정권이 추구하는 정책에 반대해서는 안 된다. 넷째, 기독교가 말하는 '바람직한 기독교'는 국가사회주의의 민족주의와 같은 의미이다. 다섯째, 기독교는 최고 지도자에게 충성하는 의미에서 국가사회주의가 추구하는 방향을 따라야 한다. 기독교 신앙은 '독일 신앙'으로 전환해야 한다.[7]

그 결과 '바람직한 기독교'를 지지하는 목사와 교인은 모두 나치 당원이 되고, 히틀러의 강력한 권한 수행을 위해 '수권법授權法'의회의 승인 없이 강력하고 신속하게 통치할 권력을 승인한다. 다음 글에서 당시 교회의 분위기를 읽을 수 있다.

"하나님의 명령에 따라 다시 통치를 시작한 국가는 박수갈채를 기대할 뿐 아니라 교회의 기쁜 협동도 기대할 것이다. 감사와 기쁨으로 교회는 어떻게 이 새로운 국가가 강력해진 손으로 신성모독에 맞서 보호하며, 부도덕을 저지하고, 기율과 질서를 유지할 것인지를 파악한다. 그것은 하나님에 대한 두려움을 요청하며, 결혼을 거룩하게 유지하고, 청년들은 영적으로 교육받게 되

---

7. 위의 책, 89-93쪽.

기를 원하며, 아버지의 역할을 다시 명예롭게 하며, 민족과 조국에 대한 뜨거운 사랑이 더 이상 멸시당하지 않고 수천 명의 가슴에 불을 붙일 것이다." 전국루터교주간신문, 1933년 4월 21일자

그리고 이에 반대하는 목사들과 교인을 정죄, 억압, 박해한다. 박해받은 이들은 처음에는 '목사비상동맹'으로 시작하여 나중에 고백교회로 발전한다. 당시 교회의 20%였다. 나치 시대를 단적으로 표현하자면 기독교인이 기독교인을 탄압한 시대였다. 나치의 옷을 입은 교회와 나치에 부역한 교인이 나치에 반대하고 저항한 교회와 교인을 탄압한 시대였다.[8]

정치화에 빠진 교회는 정부보다 먼저 자발적으로 소위 '아리안법'Arierparagraph, 유대계의 목사와 교회직원 축출법 조처를 정부에 요청한다. 이는 독일 사회에 뿌리 깊은 반유대주의가 히틀러와 나치당의 등장으로 노골화된 것이었다.

무엇보다 대학교의 신학 교수들이 교회의 정치화에 앞장섰다. 우리가 잘 아는 신학자 키텔이 대표적인 인물이다. 키텔은 냉혹하고 잔인한 유대인의 위험성에 대해서 필요한 조처를 주장하기도 했다. 시민권 박탈과 추방을 요구했다. 유대인과의 혼인 특별 금지법 요청은 정부보다 2년 빠른 것이었다. 유대인을 사랑해야 할 이웃이 아니라 '문제'로 보았다. 그는 1933년 5월 나치당에 입당해서

---

8. 위의 책, 15쪽.

6월 1일, 소위 "유대인 문제"라는 제목의 강연과 함께 책을 출간한다.[9] 히틀러가 매일 경건 서적을 읽고 주머니에 신약성경을 휴대하며 매일 읽는다고 주장하여 많은 교인이 이 신화를 받아들이기까지 했다. 신학자 알트하우스 역시 히틀러를 하나님의 선물이며 기적이라고 찬양했고, 히틀러가 기독교적 가치와 가정이라는 가치를 옹호한다고 믿었다.[10]

4) 독일교회가 정치화된 결과는?

히틀러 정권은 점점 소위 공공선을 위해 시행하는 잔인한 정책과 가치를 합리화하고, 인권과 시민권, 정치적 권리 제한을 기꺼이 감수했으며, 전쟁을 학살할 자유를 주는 수단으로 간주했다. 강제수용소, 혐의 없는 체포, 재판 없는 투옥 등도 옹호했다. 이로써 마침내 대학살홀로코스트에 동참하는 결과를 가져왔다.

홀로코스트는 히틀러나 소수 추종자 몇 사람에게만 책임을 돌릴 수 없다. 평범한 독일 사람이 홀로코스트에 참여했다고 보는 것이 정확한 말이다. 나치와 독일 사람을 분리할 수 없다나치=독일 사람.[11] 이들은 강압적인 요구로 참여하지 않았다. 자발적으로 참여했다. 강압적인 요구로 인해 저항하거나 기소, 처벌된 자들이 없었다. 예를 들어, 유대인 총살 시 자원하는 군인에게만 허락했는데 거의

---

9. 로버트 에릭슨, 『홀로코스트의 공모: 나치 독일의 교회들과 대학들』 61-63, 207-212쪽.
10. 위의 책, 85쪽.
11. 위의 책, 345-355쪽.

80%가 참여했다는 기록이 있다.[12] 당시 교회가 독일 사회에서 차지하는 위치를 볼 때 당시 인구의 97%가 기독교인이었고, 그중 로마카톨릭은 1/3, 개신교가 2/3였음 대학과 함께 공모하여 학살의 면허증을 준 것이나 다름없었다.

5) 고백교회는 왜 교회의 정치화를 반대했을까?

대다수 교회가 아리안법을 정부에 요청할 때 고백교회는 정치화되어가는 교회Politisierung der Kirche에 항의했다. 그 내용과 근거는 다음과 같다.

> 첫째, 성경의 정경성으로 인해 구약을 성경에서 없애는 것을 반대했다.
> 둘째, 세례에 대한 교리로 인해 유대인 목사와 직원 축출에 반대했다. 세례를 통해 유대인이나 이방인이나 모두 하나의 그리스도의 몸에 속했기 때문이다.

이같이 고백교회는 교회가 다시 성경적인 본모습을 되찾아야 한다며 교회 회복 운동을 일으켰다.[13]

고백교회 노회는 3인을 선임하여 시대 상황에 대한 신학적 선언을 하는데, 이것이 1934년 5월 31일에 선포한 〈바르멘 신학 선언 Die Barmer Theologische Erklärung〉이다. 6가지 주제를 다루는데, 그중 다섯

---

12. 위의 책, 277쪽.
13. 추태화, 『권력과 신앙: 히틀러 정권과 기독교』 41-46쪽.

째는 국가의 임무와 교회와 국가의 관계에 대한 것이다.

"성경은 우리에게 다음과 같이 가르친다. 국가는 하나님의 질서에 따라 아직 온전한 구원이 이루어지지 않은 세상 가운데서, 교회가 존재하는 가운데서, 인간의 지혜와 능력의 수준에 따라 권력을 적절히 사용함으로써 공의와 평화를 위한 정책을 펴라고 말씀하신다. 교회는 하나님에 대한 감사와 경외감을 가지고 이 질서를 온전히 실행할 것을 알고 있다. 교회는 하나님의 나라, 하나님의 계명과 정의를 기억하고 있으며 지배자와 피지배자의 책임을 알고 있다. 교회는 말씀의 능력을 신뢰하며 순종한다. 왜냐하면 하나님께서 말씀으로 모든 만물을 유지하시기 때문이다. 그러므로 우리는 다음과 같이 잘못된 교리를 거부한다. 마치 국가가 국가의 직무를 넘어서서 인간의 유일하고 전적인 질서가 될 수 있다고 믿거나 교회를 다스릴 수 있다는 것은 잘못된 것이다. 그러므로 우리는 다음과 같이 잘못된 교리를 거부한다. 마치 교회가 교회 본연의 직무를 벗어나서 국가적 형태, 국가적 과업, 국가적 권위에 상응하거나 그렇게 함으로써 국가의 기관이 되려 하는 것은 잘못된 것이다."

6) 결론: 독일교회가 정치화에 빠진 이유는 무엇일까?

첫째, '민족주의' 이념에 과도하게 사로잡혔다. 하나님보다 민족과 국가를 더 숭배하고, 민족과 국가의 원수를 미워하였다.

둘째, 러시아의 공산주의와 독일 안에서 지식인이 중심이 된 좌

파에 대한 공포감이 너무 컸다.[14]

셋째, 그리스도의 신비한 몸으로서 생명과 복음 선포보다는 공동체의 유지에 더욱 초점을 두고 이를 위해 실용적이고 전략적인 가치를 매우 존중했다.[15]

넷째, 히틀러와 나치당에 대해 "시간의 시험"을 충분히 치르지 못했다.[16]

2. 트럼프 대통령을 지지하는 미국 복음주의 교회

미국의 복음주의자들은 왜 트럼프를 지지하는 것일까? 이들은 트럼프를 하나님이 기름 부으신 종이라고 여긴다. 그 이유가 무엇일까? 한 네덜란드 기독교신문 2024년 11월 2일자에서 이와 관련한 기사를 실은 적이 있다.[17] 미국 칼빈대학교의 역사학 교수인 크리스틴 코베스 뒤 메즈Kristin Kobes Du Mez가 2020년에 출간한 『Jesus and John Wayne 예수님과 존 웨인』[18]라는 책을 소개하며 저자와 인터뷰 기사를 실

---

14. 로버트 에릭슨, 『홀로코스트의 공모: 나치 독일의 교회들과 대학들』, 73쪽.
15. 딘 G. 스트라우드 편집 (진규선 역), 『역사의 그늘에 서서: 히틀러 치하 독일 신학자들의 설교』 (감은사, 2022), 22-25쪽.
16. 로버트 에릭슨, 『홀로코스트의 공모: 나치 독일의 교회들과 대학들』, 83쪽.
17. 네덜란드 일보(Nederlands Dagblad)의 알렉산더 도머홀트(Alexander Dommerholt) 기자가 크리스틴 코베스 뒤 메즈(Kristin Kobes Du Mez) 교수와 가진 인터뷰. 인터뷰 기사의 제목은 다음과 같다: "Waarom lopen evangelicals achter Trump aan? Volgens deze historicus is dat niet meer dan logisch"(번역: 복음주의자들은 왜 트럼프 뒤를 따르는가? 이 역사학자에 따르면 그 이유는 논리적인 것 이상이다).
18. 존 웨인(John Wayne)은 미국의 유명한 영화배우다. 〈역마차〉, 〈아파치 요새〉 등 서부영화의 화신이자 전설이 된 인물이다.

었다. 이 책의 부제는 "백인 복음주의자들이 어떻게 신앙을 부패시키고 나라를 분열시켰는가?"이다. 해당 신문 인터뷰 기사의 요지를 간략하게 말하면, 미국 복음주의자들이 트럼프를 지지하는 이유는 트럼프가 미국 복음주의자들의 신앙 문화나 권력 문화와 잘 들어맞기 때문이라는 것이다.

다음은 이 책을 부분적으로 요약한 것이다.[19]

1) 트럼프를 지지하는 이들이 말하는 예수 그리스도와 복음주의

한마디로 말하면 복음주의자들은 강인하고 영웅적인 백인 남성의 이미지를 복음서의 예수님에게 덧입혔다. 그 결과 복음서에 나오는 대로 예수님을 보지 않고, 예수님을 카우보이, 전사戰士, 격투기 선수, 기사騎士, 나라를 지킨 영웅으로 만들었다. 공화당 전당대회에서 이러한 전사와 기사, 영웅들 사진을 볼 수 있다.

"Jesus and John Wayne", 2008년 남부 복음송 그룹 '게이더 보컬 밴드Gaither vocal Band'가 발표한 곡 이름이다. 뒤 메즈의 책 이름은 여기서 따왔다. 이 곡 가사는 어머니의 온화한 믿음과 아버지의 야성, 카우보이와 성도를 대비시키면서 그 둘 중간에서 방황하는 자신을 노래하고 있다. 지금 미국의 대부분 복음주의자가 이렇다. 이 둘을 분리하지 않는다. 한마디로 트럼프를 지지하는 미국교회의 '복음주의'는 신학적으로 정의된 운동이라기보다 문화적, 정치적 운

---

19. Kristin Kobes Du Mez, *Jesus and John Wayne: How white evangelicals corrupted a faith and fractured a nation* (Liveright Publishing Corporation, 2021).

동에 더 가깝다.

2) 구체적으로 성 문제, 총, 전쟁, 국경, 모슬렘, 군대, 대외정책, 국가 등 대표적인 이들의 주장을 살펴보자.[20]

첫째, 총기 소지 권리: 2017년 통계를 보면 백인 복음주의자들 41%가 총기를 소유했다. 이는 총기 소지 미국인 평균 30%보다 훨씬 높다. 66대 미국 총기협회 회장 올리버 노스Oliver North는 2018년 연례 모임에서 자신을 미국의 자유를 위한 전설적인 전사로 소개하면서 모임 개회를 애국적이고 기독교적인 기도로 시작했다. 선한 주님께서 우리에게 주신 자유를 지키기 위한 싸움을 하고 있다고 언급했다. 또 이 모임에서 전前 메이저리그 선수 아담 라로세Adam LaRoche는 예수님은 평화가 아니라 칼을 주기 위해 오셨다는 성경을 인용했고, 그가 입은 옷에는 "예수님은 나와 내 총을 사랑하신다"라는 문구가 있었다.

둘째, 이민과 국경 문제: 다른 어떤 종교기관보다 백인 복음주의자들이 이 문제에서 월등히 부정적이다. 2019년 트럼프 행정부에서 이들 2/3가 난민 수용을 반대했다. 성경은 외국인과 나그네를 환대하라고 말씀하고 있음에도 이민 문제에서 굳이 성경을 볼 필요 없다고 주장한다. 2015년 통계를 보면 12%만이 이민 문제와 관련해서 성경을 인용했다. 복음주의자로서 자신은 성경을 믿는 신

---

20. 위의 책, 295-304쪽.

자라고 정체성을 말하나, 결국 이들의 복음주의는 성경 외에 다른 요소들(정치 등)을 통해 뿌리 깊게 형성된 여러 가치관이 혼재해 있다고 볼 수 있다. 냉전 이후 지금까지 복음주의자들은 미국이 큰 피해를 입었다고 인식하고 있다. 그래서 아주 공격적이면서 전투적으로 자신들을 방어해야 한다고 주장한다, 국경은 환대의 장소가 아니라 위험한 장소라 여기며 법과 질서를 강조한다. 국경에 방어벽을 쌓는 행동은 믿음과 배치되지 않는다고 말한다. 국가 안보와 안전을 해치는 자들로부터 나라를 보호하는 조처일 뿐이라고 한다, 그러나 실상 그 조처는 모슬렘을 비롯해 백인이 아닌 이들로부터의 위협에서 자신들을 방어하기 위한 것일 뿐이다.

셋째, 교회와 가정, 기독교 기관에서 불거진 성적 문제에 대해서는 관대한 반면, 남성의 권위, 군사강대국주의, 여성들의 성적, 영적 종속 등의 가치는 더욱 강조한다. 미국 복음주의 교회의 주일학교와 여름·겨울 성경학교에서는 남자는 그리스도를 위한 슈퍼 영웅이 되는 것을 배우고, 여자는 아름다운 공주가 되기를 배운다. 어린이들은 행진하면서 "나는 주의 군사 되어"라는 찬송을 부른다. 청소년 그룹에서 남자는 총과 화살 쏘는 것을 훈련하고, 여성은 화장과 케이크 장식을 배운다. 어머니날에는 교회에서 꽃과 케이크, 시를 여성들에게 전달하는 행사를 하고, 아버지날에는 야외로 나가 게임이나 축구, 사냥을 한다. 캔자스주의 한 교회는 매년 남자 성인과 소년들이 총으로 사슴 사냥을 하면서 바베큐 행사를 한다고 한다. 주일학교에서는 기사, 독수리, 십자군 같은 마스코트를 자랑한다. 미국의 기독교 도소매점 업계는 이 점을 반영하고 있고, 이를 부추기까지 한다.

넷째, 결국 미국 복음주의는 기독교적 민족주의국수주의나 애국주의로 나아가고, 여기서 다시 군국주의로 나아간다. 이들은 요한복음 13장의 "너희가 나를 사랑하면 그들이 내 제자인 줄 알리라"라는 말씀을 거스르고 있다. 성도의 참된 시민권을 잊고 살아가고 있다. 나아가 이러한 이데올로기의 요소를 우간다, 인도, 자메이카, 브라질 등을 비롯한 전 세계에 수출하고 있다. 기독교 배경의 단체들인 '포커스 온 더 패밀리Focus on the Family', '홈스쿨 법률변호협회'The Home School Legal Defense Association, '자유수호연합'The Alliance Defending Freedom, '빌리 그래함 복음주의협회'Billy Graham Evangelistic Association 등은 지난 10년 동안 유럽의 우파들에게 5천만 달러를 투자했다. 또한 이들은 러시아의 푸틴 대통령과 연계하고 있다. 푸틴의 야성미와 러시아 정통교회의 보수적 요소 때문이다. 2014년 빌리 그래함 협회의 잡지 〈Decision 디시즌〉에 푸틴이 커버스토리로 실렸다. 프랭클린 그래함은 동성애 문제를 다룬 것 때문에 푸틴을 극찬하고, 2015년에는 푸틴을 방문하여 전통적인 기독교 수호자로 찬양하기도 했다. 반면에 오바마는 무신론을 조장한다며 비난했다. 이같이 국내 및 대외정책에서 야성미의 문화, 동성애의 가치가 동맹국을 재형성하고 있다.

3) 결론: 미국교회의 정치화 이유

뒤 메즈Kristin Kobes Du Mez는 미국교회의 정치화를 근본적으로 문화를 신학과 전혀 충돌하는 것으로 보지 않고 오히려 긍정적으로 상호 작용하는 것으로 보는 것에서 그 이유를 찾는다.[21] 그러면서 심지어 삼위일체의 본질로부터 가부장의 권위와 여성의 복종이라는 복음의 진리를 끌어내고자 하는 주장을 소개한다. 2016년 CBMW Council on Biblical Manhood and Womanhood(성경적 남성성과 여성성 위원회)의 웨인 그루뎀Wayne Grudem과 브루스 웨어Bruce Ware는 삼위일체 신학은 예수님을 성부에게 영원히 종속되어 있다고 하며, 여성이 남성에게 복종하는 것이 하나님이 정하신 영원한 질서라고 주장했다. 이들은 성경을 믿기에 가부장을 옹호하는 것이 아니라 가부장을 옹호하기 위해 성경을 왜곡하고 있다.

3. 1930년대 한국교회

1930년대 한국교회를 말할 때 대부분 교회사를 다루는 문헌은 신사참배神社參拜 문제에 초점을 맞추고 있다. 장로교회의 경우 1938년 9월 제27회 총회에서 신사참배가 우상숭배가 아니라고 결정했다. 그러나 신사참배와 함께 당시 국가가 천황보다 더 높은 위치를 차지하고 있었다는 사실을 놓쳐서는 안 된다.

오히려 천황과 신사참배는 국가지상주의라는 우상의 수단이었을 뿐이다. 신도神道라는 종교는 천황제 이데올로기를 전파하는 가

---

21. 위의 책, 298쪽.

장 중요한 수단으로서 신사참배, 황거요배皇居遙拜 같은 종교의식이 모든 행사마다 거행되었다. 그런데 신도의식 거행의 궁극적인 목적은 신도 신앙이나 천황 숭배보다 국가에 충성하는 국민을 만드는 것에 있었다. 일제가 신도를 통해 천황제 이데올로기를 사용한 목적은 '국가'라는 우상을 섬기는 우상 숭배자를 만들어내는 것에 있었다. 이 '국가'는 국가를 가장 높인다는 의미에서 '종교적 국가'이다.

일제는 1931년 만주 침략을 시작으로 1932년 상하이 침공, 1937년 중일전쟁, 1941년 태평양전쟁을 일으키며, 1945년 패전할 때까지 15년 동안 전쟁을 수행하였다. 이 15년 전쟁기에 일제는 조선 사람들을 전쟁에 동원하기 위해 국가에 충성하도록 강요하였다. 교회는 이러한 국가와 함께 특별히 1930년대를 살아야 했다. 국가 없이는 종교도 있을 수 없다는 의식이 지배하던 1930년대에 교회가 어떻게 여기에 대처하였는지를 간략하게 보고자 한다. 결론적으로 말하면, 당시 교회는 일제가 신도라는 종교를 내세워서 국가를 최고의 이데올로기로 강요한 정치화에 굴복하고 말았다. 이 과정을 살펴보기 위해 박용권 목사의 박사 논문을 엮은 책 『국가주의에 굴복한 1930년대 조선예수교장로회의 역사』2008년를 중심으로 요점을 정리하고자 한다.[22]

---

22. 박용권, 『국가주의에 굴복한 1930년대 조선예수교장로회의 역사』(그리심, 2008). 이 책은 본래 저자가 장로회신학대학교 박사학위논문 「1930년대 조선예수교장로회 연구: 국가주의에 대한 대응을 중심으로」(장로회신학대학, 2007)를 그대로 출판한 것이다.

1) 1930년대 일본의 국가 우선 정책

1930년대 일본은 국가지상주의로 중무장한 국가였다. 1930년대에 들어서서 일제는 대륙을 침략하기 위해 국가를 가장 높은 가치를 갖는 체제로 만든다. 그리고 이러한 국가 우선 체제를 뒷받침한 것이 바로 천황제 이데올로기였다. 이때 일본의 정권을 장악한 세력은 군부로서 이를 더욱 공고히 했다. 군부는 국가가 치르는 전쟁을 위해 모든 단체와 개인의 희생을 강요했다. 이런 배경에서 1930년대 일제의 식민지 조선 통치에도 획기적인 변화가 일어났다. 1931년 6월 새로운 조선총독이 부임하면서 20년대 소위 문화정책은 끝나고, 황민화皇民化 정책이 본격적으로 시작되었다. 내선일체를 내세우며 천황제 이데올로기를 통해 조선 사람들의 정신을 교화하여 일제의 국민, 즉 황국신민皇國臣民으로 만들기 위한 정책을 폈다. 일본보다 훨씬 더 강력한 정신운동을 전개하기 위해 이들을 국가의 수단으로 사용하는 것이 일제의 목표였다.

2) 1930년대 조선총독부의 국가 우선 정책[23]

조선총독부의 국가 우선 정책에서 중요한 것 중 하나는 '심전개발운동心田開發運動'이었다. 이는 종교적 차원의 강력한 정신운동이었다. 일상적인 정신운동으로 할 수 없는 것을 신앙심이나 종교를 이용해서 하자는 운동이다. 심전개발운동의 주요 수단은 학교와 함

---

23. 박용권, 『국가주의에 굴복한 1930년대 조선예수교장로회의 역사』, 110-146쪽.

께 종교였다. 신도가 중요한 수단이 되었다. 마을마다 신사神社를 세워서 마을 제사와 신도 신앙을 결합하고, 학교마다 사당을 설치하여 신도 보급에 사용하도록 했다. 절기 때마다 신사에 가서 참배하도록 하고, 학교 강당에 가미다나かみだな(神棚), 작은 제단를 설치하게 했다. 이를 거부한 학교와 교장은 인가 취소를 시키고, 신사참배가 국민의 의무임을 강조하였다. 1936년 이후 신사참배 거부는 국민의 의무를 다하지 않는 것으로 간주하여 처벌했다. 그래서 1932-37년 조신신궁참배자 통계를 보면, 1932년에 학생이 61,953명, 개인이 325,917, 단체가 47,168명이었다가 1937년에는 학생이 506,148명, 개인이 1,175,588명, 단체가 287,220명으로 나온다. 6년 사이에 참배자 수가 급증하였다.

1936년 일제가 조사한 통계에 따르면, 조선 사람 중 일본이라는 국가의 진정한 국민이라고 생각하는 사람은 23%이고 나머지 77%는 아직 국가 관념이 없고 황국신민이라는 인식이 없다는 자료를 바탕으로 1937년 7월 조선중앙정보위원회를 만들어 조선인 인식과 사상을 통제했다. 학교를 대상으로 매달 6일은 애국일로 정하여 신사참배와 시국강연을 실행하도록 했고, 응하지 않는 학교는 강제로 폐교했다. '황국신민서사'황국신민으로서 국가에 충성하겠다는 맹세를 제정하고 이를 제창하도록 했다. 1937년 11월에는 일반인에게도 확대해서 매달 1일 또는 15일을 애국일로 정하여 신사참배, 황거요배, 국기게양, 국가 제창, 황국신민서사 제창, 천황폐하만세 삼창 등을 강요했다.

3) 조선총독부의 종교정책[24]

1912년 신도, 불교, 기독교 대표자들이 모여 채택한 결의문을 보면 "우리는 각각 그 교의를 발휘하여 더욱 국민도덕의 진흥을 도모하고자 한다"라는 대목이 나온다. 금품헌납, 사회봉사활동, 군사지원활동 등에서 세 종교가 서로 경쟁하게 된다. 1925년에는 치안유지법"국체를 변혁하거나 사유재산제도를 부인하는 것을 목적으로 결사를 조직하거나 이에 가입한 자는 10년 이하의 징역 또는 금고에 처한다"을 제정하여 종교단체와 종교인에게도 적용했다. 주기철 목사 등 신사참배를 반대한 기독교인들이 이 법의 적용을 받았다. 1938년 2월에는 기독교에 대해 교회당에 국기 게양탑 건설. 국기에 대한 경례, 동방요배東方遙拜, 국가 봉창 및 황국신민서사 제창 실시 등을 요구했다. 학생의 신사참배는 필요하나 일반 교인의 신사참배는 강제성을 피하는 가운데 실효를 거두도록 지도했다. 1939년에는 종교단체법을 제정해서 종교단체 설립과 함께 대표자나 규칙을 변경할 때 법적인 인가를 받도록 함으로써 종교단체가 국가 통제 아래 놓이게 했다.

4) 교회는 어떻게 대처했는가?[25]

1884년 선교사 입국 이후 1930년까지 교회는 크게 성장했다. 평양을 중심으로 대형 교회도 등장했다. 1937년 평양에 소재한 36개

---

24. 위의 책, 146-151쪽.
25. 위의 책, 155-431쪽.

교회 중 장로교회 5곳과 감리교회 1곳의 교인수가 1천 명을 넘었고, 그중 2곳은 1,500명을 넘었다. 그럼에도 교회의 실상은 다음과 같았다.

가. 영적 쇠퇴

1930년대 교회는 영적으로 쇠퇴하던 시기였다. 교회 안팎으로 분열과 갈등이 극심했다. 장로교회의 경우 노회 간의 대립, 사업 중심의 총회대사회적인 부서들의 설치, 신앙적인 문제보다 고아원이나 양로원 등 사업에 더 관심이 많은 문제가 있었다.

특별히 교회 직분이 명예화되었다. 교인의 1/4이 직분자였다. 선교사, 목사, 장로의 20주년, 30주년 근속 기념행사가 다반사였고, 기념비를 세우거나 기념예배당 설립도 있었다. 평양에 있는 한 교회에서는 장로 선거로 인한 갈등과 분규로 경찰이 동원되고 신문에 해당 기사가 실리기도 했다. 길선주 목사는 원로목사가 되는 일로 인해 교회와 크게 갈등을 빚기도 했다.

나. 국가에 의존

이때 교회는 국가를 과도하게 의존했다. 목사는 생명보험에 들고우체국이 관리, 교회 건물은 화재보험에 들고, 교회 재산은 재단법인에 등록함으로 국가에 대한 의존도가 크게 증가했다. 재산을 잃지 않기 위해 교파별로나 노회별로 재단법인을 설립했고, 이에 교회는 재산을 관리하는 조직으로 변모하기 시작했다. 이 자체가 문제 있다고는 할 수 없다. 다만 국가가 교회를 박해하는 시기에 국가를 멀리하기보다는 재산 상황을 보호하고 재산 보호를 의뢰하기 위해 오히려 국가의 도움을 구하고자 재단법인 설립을 위해 노력했다는 것은 이해하기 어렵다.

장로교회의 경우 1930년대 여러 가지 사업 때문에 총회에 '교섭위원회'를 두고 총독부와 끊임없이 대화하고 교섭하였다. 국가에 항의하고 꾸짖기보다는 국가에 의존하여 자신의 조직을 유지하고 사업을 추진하기 위해서였다.

당시 묘지 부족이 사회적 문제가 되었는데, 개인은 묘지를 구하기가 쉽지 않았다. 그래서 총회는 기독교 전용묘지 인가를 받기 위해 총독부와 교섭했다. 결국 총독부가 반대해서 실현되지 못했지만 제25회 총회에서 교섭위원의 보고 중에 한 대목은 읽기가 민망하다.

"…기독교인의 전용묘지를 허한다면 따라서 각 종교단체가 다 출원할 터이니 어찌 한 종교 한 종파에게 허락하고 끊칠 것이랴 하였습니다…."

또 총회는 해마다 열리는 총회 참석 총대들의 경비를 절감하기 위해 기차 요금을 할인받도록 총독부와 교섭했다. 매년 총독부와 교섭한 결과 1924년부터 20% 할인을 받았다(1937년까지). 심지어 1934

년에는 부정 사용 사건이 발생하여 조선총독부에 가서 용서를 구하고 주의를 받고 해결하였다는 기록이 남아 있다.1935년 24회 총회보고서.

이처럼 교회가 국가의 혜택을 구하는 것은 특히 장로교회의 정치원리 중에서 "교회는 국가의 세력을 의지하지 아니하고 오직 국가에서 각 종교기관의 안전을 보장하며 동일시함을 바라는 것뿐이다"[26]라는 원리를 거스른 것이다. 1930년대는 정교분리가 제대로 이루어지지 못했다. 교회와 국가가 서로 도움을 요청했다.

다. 교회 안팎의 갈등과 분열

1930년대는 또 교회 안팎으로 분열과 갈등이 극심했다. 세대 갈등이 심했다. 길선주 목사는 당시 교회의 목사청빙 관행에 대해 개탄했다:

"오늘今日에 믿음을 귀히 녀기는 者가 드물다. 교회에서 목사를 택할 때도 지식만을 존중히 여기는 폐가 있다. '그 목사가 영어를 아는가? 지식이 있나? 교제를 잘하는가? 이따위 것만 사실하면서 그 목사가 믿음이 독실한가? 성경에 관숙慣熟한가?' 이것은 문제 삼지 않는다. 아가탄할 바이다. 이 세대 교회는 걱구루 되었다."[27]

---

26. 대한예수교장로회총회 (고신), 『헌법』(총회출판국, 2011), 255쪽.
27. 길선주, 〈聖徒模範의 五大元素〉《聖火》 1권 1호(1935년 2월), 8쪽. 박용권, 『국가주의에 굴복한 1930년대 조선예수교장로회의 역사』, 267쪽에서 재인용.

평양을 중심으로 서북 지역과 다른 지역 간 갈등도 심했다. 목사 청빙을 비롯한 여러 사안에서 지역갈등이 드러났다. 교파 간 경쟁도 심했다. 장로교와 감리교 선교부 사이에 맺은 선교지 분할협정이 파기되고 연합운동이 쇠퇴하여 단독 찬송가를 발행하는 교파가 생기고 연합신문이 폐간되기도 했다.

라. 국가에 종속

장로교회는 1933년 제22회 총회에서 전북노회가 "종교학교로서 신사에 참배할 여부"를 문의한다. 헌의부는 정치부에서 해결하도록 했으나, 정치부는 교섭위원에 떠맡겼다. 1935년 제24회 총회에서도 충청노회가 "신사참배의 가부를 명확히 지시할 것"을 헌의했으나 이를 정치부에 넘겼고, 정치부는 연구위원 7명을 선정했으나 연구 결과를 발표하지 않았다. 결국 장로교회는 1938년 신사참배를 결의하고 만다. 창세기 저자 문제, 여성의 권리문제 같은 것은 신조 문제로 다루어 이단으로 정죄하면서도, 천황과 국가를 하나님처럼 받드는 문제에 대해서는 아무런 말도 하지 않았다. 총독부와 대등한 입장에서 신사참배 문제에 대해 교회가 명확한 입장을 표명하는 것이 원천적으로 불가능했다고 하는 것이 옳은 표현이다. 1935년을 전후로 교회는 심각한 내외 갈등에 시달리고, 노회별 재단법인 인가, 총대 여비 할인, 기독교 묘지 조성을 위해서는 총독부에 드나들며 교섭하던 때였기 때문이다.

마. 서서히 수용하는 신도의 여러 의식과 국가의식

장로교회의 경우 1938년 9월 신사참배 결의 이전에 이미 여러 신도의식을 거행하고 있었다. 1938년 5월 말 기독교계의 신도의식 거행 현황을 보면, 교회에 국기게양탑 건설 88%, 국기에 대한 경례 96%, 국가봉창 82%, 황국신민서사 제창 93%, 신사참배 55% 등이다. 천황이 다스리는 나라의 덕목이 하나님 나라의 덕목보다 우위에 있고, 교회와 국가가 각기 사명을 따라 하나님 나라를 위해 봉사하는 것이 아니라, 모든 것이 국가를 위해 봉사하는 시대였다.

바. 장로교회의 신사참배 결의

결국 장로교회는 1938년 9월 총회에서 신사참배를 결정하게 된다. 비록 이 결정 과정에 강압이 없었던 것은 아니었다. 그러나 교회의 의지 역시 전혀 없던 것이 아니었다. 이미 대다수 노회가 신사참배를 결의했다는 점, 총회 결의 이전에 평안남도 지역의 3개 교회가 그 결의를 치밀하게 준비했다는 점, 신사참배 결의가 있음을 알면서도 총대 대다수가 총회에 참여했다는 점 등을 보면 알 수 있다. 총회 중에 '국민정신총동원 조선예수교장로회연맹' 결성식을 거행하며 로마서 13장을 읽고 국가에 순종할 것을 강조하여 국책 수행에 협력할 것을 선언했다. 장로교회가 국민정신총동원 조선연맹의 산하 조직이 된 것이다. 교회가 신비한 그리스도의 몸이 아니라 단순한 사회 조직이 된 것이다.

5) 1930년대 한국교회는 왜, 어떻게 해서 정치화에 굴복했는가?

첫째, 영적인 분별력이 약해졌기 때문이다. 직분의 명예화와 교회 안팎의 분열과 갈등으로 인한 영적인 부패가 영적인 분별력을 약화시켰다. 교회와 치리회가 신앙적인 문제보다는 신앙 외적인 문제에 얽매인 것(기독교 기관과 학교 등 조직 유지와 관리, 교세 확장 등에 더 관심을 가짐)도 영적으로 어두워지는 결과를 낳게 했다.

둘째, 악한 국가에 도움을 요청함으로 국가와 대등한 입장에 선 것이 아니라 국가에 예속되었기 때문이다. 신사참배가 우상숭배임을 단호하게 선언하지 못한 것도 이 때문이다.

4. 결론

지난 역사에서 한국교회를 흔든 것은 이단과 사이비만은 아니었다. 이에 못지않게 또한 교회의 정치화로 인해 한국교회는 종종 시험에 들었다. 교회의 정치화, 지난 역사를 조금만 훑어보면 이것이 얼마나 위험한지를 알 수 있다. 가깝게는 장로 대통령의 기독교 편향으로 인해 불교와의 갈등을 심하게 경험한 적이 있다. 그때 우리는 개혁교회의 국교 분리 전통이 얼마나 소중한지를 확인했다. 물론 이 국교 분리 전통은 16세기 과격파 종교개혁 전통이 이어오는 분리주의 노선은 아니다.

이상에서 히틀러 시대의 독일교회와 트럼프 대통령을 지지하는 미국 복음주의 교회, 1930년대 한국교회가 왜 어떻게 교회의 정치화에 굴복했는지를 간략히 살폈다. 이로써 지금 한국교회 일각에서 보이는 교회의 정치화가 왜, 그리고 어떻게 해서 이뤄지게 된 것인지를 설명할 수 있을까?

첫째, 영적 분별력이 약해졌기 때문이다.여기에는 이외 여러 다양한 원인이 있을 수 있음.

둘째, 동성애 등 악법 철폐나 북한의 위협, 좌파와 사회주의에 대한 과도한 몰입과 두려움 때문이다. 그 결과 이로부터 안보와 경제, 교회를 지켜준다는 특정 정당과 정치인을 무조건적으로 지지했다. 또 교회는 정치 지도자가 노골적인 무속과 주술에 깊이 연관되어 있어도, 심지어 통일교나 신천지와 같은 이단 사이비와 결탁했음에도 이에는 눈을 감았다.

셋째, 정교분리의 교훈을 교회 역사에서 심각하게 얻지 못했기 때문이다.

넷째, 하나님 나라와 복음, 교회보다 민족과 국가애국에 더 집착했기 때문이다.

교회의 정치화는 이와 함께 '악마화'를 동반하기에 더욱 위험하다. 교회가 정치의 도구가 되면 아주 격렬해진다. 악마마귀와의 영적 전쟁으로 여기기 때문이다. 반국가세력은 원수를 넘어 마귀가 된다. 그런데 이러한 마녀사냥은 암흑시대라 불리는 중세교회의 산물이 아니라 근대화 시대에 일어난 일이다. 흔히 마녀사냥을 중세 현상으로 오해하나 그렇지 않다. 르네상스 이후 찬란한 문화의 빛이 되살아나고, 과학혁명과 계몽철학의 결과 세계에 대한 합리적 해석이 가능해졌으며, 산업혁명의 성과를 바탕으로 유럽이 세계의 패권을 장악하게 될 바로 그 시대에 그와 같은 몽매한 일들이 일어난 것이다. 1400년에서 1776년 사이에 유럽과 아메리카 식민에서 10만 명 정도가 기소되었고, 5만 명 정도가 처형되었다.[28]

도대체 인공지능 등 첨단과학이 발전하는 이 현대에 마녀사냥이나 악마화가 이뤄지는 이유가 무엇일까? 자기들이 생각하는 최고의 선을 지키기 위해서는 최악의 존재를 만들어내야 하기 때문이다. 정치화에 빠진 한국교회 일부에서 '자유민주주의', '기독교 국가 건설', '반동성애', '반공', '반중국', '반이슬람'을 최고의 선으로 여기고 이를 지키기 위해 "반국가세력", "빨갱이"간첩, "마귀"사탄, 악마, "어둠의 세력"이라는 최고의 악을 만들어낸 것이 바로 좋은 예가 된다.

이런 시대를 살아가는 교회의 사명은 무엇일까? "교회를 교회답게 하는 것"이리라.

---

28. 주경철, 『마녀: 서구 문명은 왜 마녀를 필요로 했는가』(생각의 힘, 2016), 10쪽.

참고도서

딘 G. 스트라우드 편집(진규선 역), 『역사의 그늘에 서서: 히틀러 치하 독일 신학자들의 설교』, 감은사, 2022.
대한예수교장로회총회(고신), 『헌법』, 총회출판국, 2011.
로버트 에릭슨(김준오 역), 『홀로코스트의 공모: 나치 독일의 교회들과 대학들』, 한국기독교연구소, 2024.
박용권, 『국가주의에 굴복한 1930년대 조선예수교장로회의 역사』, 그리심, 2009.
주경철, 『마녀: 서구 문명은 왜 마녀를 필요로 했는가』, 생각의 힘, 2016.
추태화, 『권력과 신앙: 히틀러 정권과 기독교』, 씨코북스, 2012.
Kristin Kobes Du Mez, *Jesus and John Wayne: How white evangelicals corrupted a faith and fractured a nation*, Liveright Publishing Corporation, 2021.
H. Richard Niebuhr, *The Kingdom of God in America*, Wesleyan University Press, 1988.

3장
교회 정치화의 역사적 뿌리, '기독교적 건국론'

유승혁

불법 계엄과 내란을 극복하기 위해 대다수의 국민이 노심초사하는 과정에서, 일부 목사들은 대규모 집회를 열어 불법을 옹호하고 선동하는 데에 앞장섰다. 교회가 이처럼 정치적 영향력을 행사하고자 한 것은 언제, 어디서부터였을까? 그 시작을 찾아가다 보면 해방 후의 '기독교적 건국론'이라는 담론을 만나게 된다. 오늘 이 시점에서 이것을 역사적으로 다시 추적해 보고 반성하는 것은 앞으로 한국 교회의 건강한 개혁과 사회 안정을 위해 꼭 필요한 작업이 될 것이다.

정치에 빠진 교회

2024년 12월 3일 밤 10시 25분, 윤석열 대통령이 비상계엄을 선포하였다. "종북 반국가 세력들을 일거에 척결하고 자유헌정질서를 지키기 위해 비상계엄을 선포합니다." 한밤중에 군용 헬기들이 국회의사당 앞마당에 착륙하였고, 무장한 계엄군들은 창문을 부수고 본청 진입을 시도했다. 이런 긴박한 상황에서 국회 앞으로 모였던 시민들이 비상계엄해제와 계엄군 철수를 요구하며 농성하였고, 국회로 모인 의원들은 계엄선포 약 2시간 40분 만에 비상계엄해제 요구 결의안을 가결12월 4일하였다. 그 결과 윤 대통령은 약 6시간 만에 계엄을 해제했다. 이후 국회는 헌법과 민주주의를 위협한 윤 대통령의 책임을 물어 탄핵소추안을 상정하였고, 2차 탄핵표결12월 14일에서 결국 대통령의 직무가 정지되었다. 헌법재판소가 피청구인 대통령 윤석열 파면을 선언25년 4월 4일하기까지 긴박한 시간을 보내야 했다. 경찰 병력과 경호처 병력이 대치하여 자칫하면 무력 충돌이 일어날 수도 있었고, 많은 시민은 평범한 일상을 되찾기 위해 불편을 감수하며 지속적으로 시위에 참석하였다. 역사에 기록될 4개월이었다.

이 과정에서 전광훈 목사사랑제일교회, 대한민국바로세우기국민운동본부와 손현보 목사세계로교회, 세이브코리아 국가비상기도회는 각각 광화문과 여의도를 거점으로 교인들을 광장으로 모아 계엄과 내란을 주도한 대통령의 탄핵반대집회를 이끌었다. 전광훈 목사가 이끄는 집회에서 사용된 용어를 살펴보면, "윤 대통령의 비상계엄을 내란이라고 이름을 붙여서 역내란을 도모하는 반국가세력을 가만두지 말자. 애국시민이 일어나야 한다"라는 식의 정치적 구호와 집회 참여자들의 "아멘", "할렐루야"라는 성경의 용어가 혼재되어 있다.[1] 또한 손현보 목사는 주일예배 시간에 "이재명이 죽어야 대한민국이 산다", "이재명 치하에서 배급받고 살고 싶지 않으면 일어나 항거하라", "작은 행동 위대한 역사 이재명은 끝났다" 등 원색적인 비난으로 설교 강단의 순수성을 훼손하였고, 교인들에게 탄핵반대집회에 참여하도록 선동하였다.[2] 이들은 마치 특정 정당과 특정 정치인을 지지하는 것마찬가지로 특정 정당과 특정 정치인을 미워하는 것이 국가와 한국교회의 존립과 직결되는 것처럼 발언하면서 교회의 분열과 혼란을 조장하였다.

이들의 언어에서 발견되는 공통점이 있다. 자신이 속한 공동체를 위협하는보이지 않는 어떤 세력을 상정하고, 두려움과 위기감을 조성하면서 상대방을 물리적으로 제거하려는 폭력을 정당화시키고 군중을 선동한다는 것이다. 우리가 오늘날 목격하는 이러한 현상은 어디에서부터 혹은 누구에게서부터 시작되었을까? 시발점이 되는 형태가 어떤 과정을 통해 형성되었을까? 왜 교회가 특정 이념의 수호자가 되도록 자처하는 판단을 하였을까? 오늘 한국 개신교 진영은 약 200여 개가 넘는 다양한 교파로 구성되어 있다. 한 국가 안에 이렇게 많은 교파가 존재하는 모습은 개신교 선교 역사에서 볼 때 매우 이례적인 현상이다. 그렇지만 하나의 실재로서 '한국

---

1. 박고은, 〈"우린 윤석열과 함께 싸우다 죽겠다"…접입가경 탄핵 반대 집회〉, 한겨레, 2025년 1월 13일 기사, https://www.hani.co.kr/arti/society/society_general/1177416.html(2025년 3월 26일 검색).
2. 엄태빈, 〈세계로교회 예배에는 이재명만 있고 하나님은 없다〉, 뉴스앤조이, 2025년 3월 25일 기사, https://www.newsnjoy.or.kr/news/articleView.html?idxno=307221(2025년 3월 31일 검색).

교회'라고 부를 수 있는 공통점이 존재한다. 그것은 여러 교파를 뛰어넘어 영향을 미치는 담론인 '기독교적 건국론建國論'이다. 과연 해방 후 형성된 이 기독교 건국론은 순수하게 기독교적 혹은 장로교적 원리에서 도출된 것인가? 오늘날 기독교 건국론은 한국교회 일치의 근거가 될 만한 정당성을 지니고 있는가? 아니면 이제는 개혁해야 할 구습인가? 여기에 답하면서 한국교회의 모습을 성찰하고자 한다.

1. 한경직 목사와 기독교적 건국론

한경직 목사1902-2000년는 다양한 교파를 뛰어넘어 한국교회에 담론discourse을 내면화시킨 역할을 했다. 한경직은 자신의 사상이나 신학을 특정한 저서로 남기지는 않았다. 그렇지만 목사로서 설교라는 도구를 통해 개신교인들에게 기독교적 건국론을 강력하게 피력했다.

한경직의 기독교 건국론은 일본 제국주의로부터의 해방을 맞이한 이후 6·25전쟁 기간을 지나면서 본격적으로 한국교회 안에 정신적으로 내면화되었다. 이후 오늘날까지 지속적으로 내부 일치를 위한 담론 역할을 해 왔다. 그럼에도 불구하고 한경직이 개신교에서 차지하는 대표성에 비해 그의 주장이 과연 장로교적인가에 대한 장로교 내부의 비판적 평가는 아직 미비한 상태이다. 그러나 이러한 작업을 거쳐야 장로교의 본질을 모호하게 하는 불필요한 요소에 잠식되지 않고, 한국교회가 교회사의 아류에 속하지 않고 공교회적보편적 전통 위에 든든히 자리 잡을 수 있을 것이다.

본 글은 한국에 들어왔던 초창기 장로교 선교사들이 형식적으로는 장로교의 고백교회confessional church 전통을 가지고 있었지만, 실제 사역의 내용에서는 당대의 미국적 부흥주의 방식을 채택하였다는 점을 전제한다. 피선교지로서 유아기 상태에 있었던 한국교회는 신앙고백에 기초한 공교회적 전통을 제대로 전수받지 못했다. 즉, 교리, 예배, 그리고 교회치리에 있어서 일치를 이루지 못하였다. 그 결과 교리가 선포되는 자리인 강단에서 당대의 이념반공주의이 자신의 고유한 자리를 차지하는 과정에서 어떠한 교리적 안전장치도 없었다. 그 결과 한경직의 초기 설교에서 나타나는 이념의 종교화는 오늘날 개신교 안에 존재하는 이념 검열의 가능성을 열어주었다.

한경직의 설교 모음집 중 가장 먼저 출판된 책1956년의 제목이 바로 『건국과 기독교』1946년부터 1949년 사이의 설교가 수록됨이다.[3] 해방 정국에서 기독교적 정신에 기초하여 국가를 세워야 한다는 그의 신념은 1945년 12월에 세워진 베다니전도교회1주기에 '영락교회'로 교명을 변경에서 설교를 통해 회중에게 내면화되었다.

---

3. 한경직, 『한경직목사설교전집』 제1권(한경직목사기념사업회, 2009), ii, 12-ii, 13.

2. 기독교적 건국론 형성 배경

1) 동아시아 담론: 일본식 오리엔탈리즘과 사회진화론

한경직의 생애를 기독교적 건국론과 관련해서 크게 3단계로 분류할 수 있다. 첫째는 기독교적 건국론의 형성 시기1903-1945년, 둘째는 기독교적 건국론이 설교를 통해 강조된 시기1945-1961년, 셋째는 기독교적 건국론이 복음화운동으로 변화된 시기1962-2000년이다.[4] 각 시기를 한국근현대사의 주요한 흐름을 따라 살펴보면 오리엔탈리즘과 식민 지배, 해방과 건국 이념, 안보와 경제 발전이라는 시대적 담론이 존재한다. 이에 따른 한경직의 반응은 각각 항일의식과 애국계몽운동, 개신교 재편성과 반공주의를 국시로 하는 기독교적 건국론, 그리고 전국복음화운동으로 나타난다.

기독교적 건국론의 시기 구분과 그에 따른 시대적 담론

	연도	담론	반응
형성 시기	1903-1945	오리엔탈리즘, 식민지배	항일의식, 애국계몽운동, 독립
적용 시기	1945-1961	해방, 건국이념	개신교 재편성, 반공주의, 친미성향
변화 시기	1962-2000	안보, 경제	전국복음화운동

19-20세기 동아시아 국가들은 유럽에서 형성된 '세계 질서'보편주의 안으로 강제 편입되는 과정을 거친다. 그동안 서구를 크게 의식

---

4. 이혜정, 『한경직의 기독교적 건국론』(대한기독교서회, 2011), 30쪽.

하지 않은 채 자기 정체성을 확립해 온 동아시아 3국은 거대한 변화를 직면한다. 이러한 역학관계는 인식의 주체인 서구가 비非서구를 타자화하여 야만의 상태로 규정하고, 문명화의 대상으로 삼는 오리엔탈리즘혹은 사회진화론[5]이 그 정당성을 부여했다. 영국, 프랑스, 그리고 미국의 통상 요구 앞에서 한국조선, 중국청나라, 중화민국, 그리고 일본은 수동적일 수밖에 없었다. 이러한 상황에서 각국의 지식인들은 열패자劣敗者의 입장이 된 현실을 인식하면서 서양의 사회진화론을 적극적으로 수용하여 극복을 모색하였다.

이러한 서구주의에 대한 초기 대항 담론으로 피침략국이라는 공통의 역사적 경험과 같은 인종이라는 특징에 바탕을 둔 '동아시아 3국의 연대론'이 등장한다.[6] 그러나 일본의 대항 담론의 성격은 방향을 선회한다. 서구에 의한 전통적인 중화사상 해체청불전쟁, 1884년, 조선의 갑신정변 실패1884년는 일본이 동아시아 연대론과는 다른 '동양주의'아시아주의를 생산하도록 이끌었다.[7] 이후 일본의 주류적 정

---

5. 콜럼비아 대학(Columbia University, 1963-2003)에서 영문학과 비교문학을 가르쳤던 에드워드 사이드(Edward W. Said) 교수는 1978년 『오리엔탈리즘』(Orientalism)을 출판하였다. 이전에 '오리엔탈리즘'이라는 용어는 단순히 서양인들이 동양을 연구하는 경향을 의미했으나, 사이드는 이 용어를 담론(discourse)의 영역으로 가져왔다. 이 책의 논지는 동양을 지배하고 재구성하는, 동양에 대한 권위를 가지고자 하는 서양의 방식인 오리엔탈리즘이 어떻게 발생하고 전개되어 왔는지를 입증하는 것이다. 그는 서양의 문학적, 종교적, 그리고 학문적 텍스트에서 발견되는 흔적들을 분석하면서 이를 시도한다. 이러한 과정을 통해 동양을 향한 서양의 제국주의, 식민주의의 전제가 마련되었다.
6. 다루이 도키치의 『대동합방론』(大東合邦論), 흥아회(興亞會)의 출범, 김옥균의 삼화주의(三和主義), 독립협회의 한일제휴론(韓日提携論), 량치차오(梁啓超)의 동인종동맹론(同人種同盟論) 등이 당시 동아시아 연대 분위기를 보여준다. 김정현, 〈오리엔탈리즘과 동아시아: 근대 동아시아의 '他者化'와 저항의 논리〉, 《중국사연구》 39(2005), 172-79쪽.
7. 위의 글, 164쪽.

책은 자신들이 속한 아시아를 열등한 존재로 규정하는 '탈아론脫亞論'의 성격을 취한다. 일본이 세계 경쟁 질서에서 생존하기 위해 도쿠가와 막부는 걸림돌이며, 아시아의 정체성을 가진 악우惡友, 조선과 청나라와의 관계를 끊고 서구를 모방하여 근대화를 이루자는 주장이다.[8] 이러한 생각에는 이 열등劣等의 성질을 자신을 배제한 동아시아로 전이하여 일본이 패권 국가로 부상하려는 식민지적 의도를 내포하고 있었다. 러일전쟁1904-1905년의 승리 이후 약자들이 연대하여 서구에 대항하는 동양주의가 아니라 일본이 맹주가 되어 중국과 동맹을 맺고 서구에 대항하는 동양주의로 중심이 이동한다.[9] 즉, 오리엔탈리즘에 의해 타자화되었던 일본이 그것을 극복하는 방식으로 동아시아 안에서 '일본식 오리엔탈리즘'이란 담론을 재생산한 것이다.

조선에서 사회진화론은 유길준, 윤치호와 같은 인물들에 의해 처음 소개되었다. 이들은 일본과 미국 유학을 통해 근대식 학문을 경험하고 조선의 개화를 주장했다. 두 사람이 사회진화론을 이해하고 받아들이는 구체적 방식에는 차이가 있으나, 현재의 조선이 문명화되지 않은 상태라는 점, 약자로서 조선이 열강들의 경쟁 사이에서 살아남기 위해 자강自强이 필요하다는 점은 공통된 인식이었다.[10] 그러나 1880년대 초기 개화운동은 소수의 지식인 계층에

---

8. 정일성, 『후쿠자와 유키치: 탈아론을 어떻게 펼쳤는가』(지식산업사, 2001), 18-21쪽.
9. 김정현, 위의 글, 174-75쪽.
10. 허동현, 〈1880년대 開化派 인사들의 社會進化論 수용양태 비교 연구: 兪吉濬과 尹致昊를 중심으로〉, 《사총》 55(2002), 178-84쪽.

의해 주도되었고, 정치적 불안정으로 인해 사회 전반적으로 영향력을 가진 사상은 아니었다. 1890년대 들어서《독립신문》,《황성신문》,《제국신문》과 같은 언론 매체들이 일반 백성들에게 근대화의 중요성을 알리는 역할을 하였다. 예를 들어 윤치호는《독립신문》논설을 통해 '우승열패'와 '적자생존'의 냉엄한 국제 현실을 인식시키기 위해서 사회진화론을 소개하였다. 이후 일본의 불평등 조약 강요을사늑약, 1905년와 본격적인 조선 침략이 이루어지는 20세기 초에 사회진화론은 본격적으로 대중화되어 조선 사회에서 독립을 위해 필요한 다양한 계몽운동, 실력양성운동 등을 이론적으로 뒷받침해 주는 역할을 하였다.[11] 이는 한경직의 기독교적 건국론의 가장 기초적 구조를 형성한 신민회안창호와 이승훈, 조만식 등으로 이어짐의 기조를 보여준다.

2) 기독교적 민족주의 교육

일제강점기 한경직의 활동 영역인 서북 지역과 평안도의 분위기를 주목할 필요가 있다.[12] 기독교선교사, 서양식 학교라는 독특한 요소이다. 평안도에는 공식적으로 미국 선교사들이 입국하여 활동을 시작하기 전부터 이미 개신교인 공동체가 있었다. 만주에서 스코

---

11. 이승환, 〈한국 및 동양에서 '사회진화론'의 수용과 기능〉,《중국철학회》9(2002), 204쪽.
12. 한경직이 다녔던 진광소학교는 평안남도 평원군 공덕면 간리마을(출생지와 같음), 오산학교는 평안북도 정주군, 숭실대학교는 평양에 있었다. 미국 유학을 마치고 돌아와 월남하기 전까지 목회, 보린원 운영, 기독교사회민주당 조직 등 모든 활동이 평안북도 신의주에서 이루어졌다.

틀랜드 장로교 목사인 로스John Ross와 맥킨타이어John MacIntyre를 만난 백홍준은 1876년 이응찬, 이성하, 김진기 등과 함께 세례를 받아 조선인 최초의 개신교인 중 한 명이 되었다.¹³ 그는 서북 지역의주, 삭주, 강계 등에서 전도하여 조직교회가 세워지기 전부터 자생적인 신앙 공동체를 형성하였다. 언더우드H. G. Underwood가 입국하여 순회 전도를 할 때 압록강에서 33인에게 세례를 베풀도록 초청하기도 하였다.¹⁴ 언더우드와 아펜젤러H. G. Appenzeller의 입국과 함께 본격적으로 미국 선교사들이 입국하여 전도 활동을 시작하였을 때 단연 평안도는 빠르게 개신교를 수용하였다. 한경직이 태어나기 4년 전인 1898년 평안도와 황해도의 장로교인 수가 5,950명에 달했는데, 이는 당시 한국 장로교인 전체 수가 7,500명이었다는 점을 감안하면 압도적인 수치이다.¹⁵ 70%가 넘는 장로교인들이 서북 지역에 기반하고 있었다.

개신교의 강세와 더불어 평안도는 항일운동으로서 민족주의 교육과 기독교 교육이 복합적으로 나타났다. 한경직의 기독교적 건국론은 3가지 요소로 구성된다. 기독교, 애국, 신문명이다. 이러한 구조의 형성은 일찍이 학창 시절 남강南岡 이승훈 선생, 고당古堂 조만식 선생과 같은 민족주의자들에게서 기인한다. 그들은 오산학교의 민족주의적 기독교 교육에 영향을 받았다.¹⁶ 오산학교에서 지속

---

13. 김양선, 『한국기독교사연구』(기독교문사, 1980), 48-53쪽.
14. H. G. Underwood, *The Call of Korea* (Fleming H. Revell, 1908), 136쪽.
15. 한국기독교사연구회, 『한국기독교의 역사 Ⅰ』(기독교문사, 1989), 258쪽.
16. 한경직, 『나의감사: 한경직 구술 자서전』(두란노, 2010), 61-65쪽.

적으로 강조한 내용은 애국, 과학, 기독교 신앙이었다.[17]

> 제가 오산에 재학하고 있을 때 남강 선생이 마침 105인 사건에 들어갔다가 나와 계셨는데 채플시간에는 늘 말씀을 하셨어요. 그때 교장은 고당 조만식 선생이셨어요. 채플시간에는 그 두 분이 거의 맡아서 하셨지요. 요즈음에 와서 제가 오산에서 무엇을 배웠나 생각해보거든요. 그러고 보니 그 분들이 늘 세 가지를 강조한 것이 생각납니다. 첫째는, 그때가 나라가 망한 때니까 나라를 도로 찾는 일이 우리 한국 청년들이 할 일이다 하고 애국 사상을 고취했어요. 둘째는, 우리 나라를 찾고 민족을 부흥시키려면 현대학문 특히 과학을 배워야 한다고 하면서 오산에서는 과학을 많이 가르쳐줬어요. 그 다음 셋째는, 아무리 애국심이 있고 과학적 지식이 있다고 해서 근본적으로 먼저 사람이 바로되지 않으면 안된다고 강조하면서 사람이 바로되려면 예수를 믿어야 한다는 것이지요. 지금 생각하면 그 세 가지를 중점적으로 가르쳐주었다고 생각됩니다.[18]

이러한 교육 내용은 당시 전국 애국계몽운동을 주도했던 신민회新民會, 1907와 서북학회西北學會, 1908의 기조를 반영한다. 이러한 단체들의 개화 지식인들은 제국주의 시대에 열패자가 살아남는 방법은 실력을 양성해야 한다는 인식이 강했기에 백성들의 계몽과 교육을

---

17. 위의 책, 54쪽.
18. 이만열, 〈한경직 목사를 만남〉, 《한국기독교와 역사》 1(1999), 137-138쪽.

장려했다. 즉, 실력양성을 통해 국권회복과 근대문명국가로 발전하고자 하는 목표를 가지고 있었다. 한경직이 오산학교를 졸업하던 때1919에 일어난 3·1 독립만세운동은 당시의 고조된 항일의식 분위기를 짐작할 수 있다. 그가 오산학교를 졸업한 후 숭실대학교에 입학1921년할 때 이과 계열로 지원한 것도 실력양성이라는 강조를 자연스럽게 인식하였기 때문이다.

기독교적 교육은 선교사들에 의해 운영된 기독교계 교육기관을 통해 이루어졌다. 한경직이 오산학교에 입학하기 전에 다녔던 진광소학교는 장로교 선교사 사무엘 모펫S. A. Moffett(한글 이름: 마포삼열)에 의해 세워진 기독교 계열 학교였다. 숭실대학교는 오산학교와 동일한 기조를 가지고 있었으나 순서에 있어서 조금 달랐다. 기독교 신앙을 먼저 말하고 그다음에 애국을 말하였다. 양자 간의 이 미묘한 차이는 오산학교가 일본에 의해 타자화된 조선인의 인식 구조에서 출발하여 기독교를 바라보았다면, 숭실대학교는 조선이라는 비기독교 국가에 선교 활동을 하러 온 선교사의 관점이 강하게 작용하였기 때문일 것이다.[19]

> 제가 3학년이 되었을 무렵, 앞으로 우리나라가 어떻게 되겠나, 어떻게 내가 우리나라에 최선으로 봉사할 수 있겠나 하고 생각을 많이 했어요. 숭실대학에서도 말하자면 오산에서 가르쳐준

---

19. 박종현, 「한경직 목사의 기독교적 애국사상」, 『한경직 목사 11주기 추모자료집』(한경직목사기념사업회, 2012), 각주71.

세 가지를 가르쳤는데 숭실대학에서는 그 순서가 달라요. 먼저 기독교를 말하고 그 다음에 애국심을 말했어요. 먼저 사람이 하나님과 옳은 관계를 맺어야 된다는 방면에 치중합디다. 아마 숭실대학의 교육의 영향도 컸던 모양입니다.[20]

이 시기에 한경직은 일본식 오리엔탈리즘이 부여한 열패자의 표상타자화 안에서 시대와 민족을 인식했다. 동시에 한경직은 사회진화론에 입각한 민족주의와 기독교적 가치가 결합한 형태의 교육을 받고 자란 당대 지식인층에 속한다. 당시 기독교 계열의 학교에서 교육을 받고 선교사들의 도움으로 유학길에 올라 미국의 대학 교육을 경험하고 돌아온 이들은 사회 각층에서 민족을 이끄는 지도층으로 활동했다. 해방 전후 20세기 한국의 정치, 경제, 사회, 문화, 종교의 핵심 지식인들을 출신 지역별로 분류하였을 때 평안도의 비중이 다른 지역보다 월등히 높다는 점과 그들이 개신교와 일정한 함수관계를 갖는다는 사실은 상당히 흥미롭다.[21]

3) 해방 공간과 반공주의

일제강점기라는 배경에서는 '독립'이 최대 관심사였다. 일본이라는 공동의 적이 있었기에 이 시점에서 좌익과 우익의 대결이라는 구도는 불필요했다. 그러나 일본 제국주의라는 요소가 사라진

---

20. 이만열, 위의 책, 138쪽.
21. 김상태, 〈평안도 기독교 세력과 친미엘리트의 형성〉, 《역사비평》 45(1998), 172-176쪽.

해방 공간에서는 '건국'으로 그 관심이 이동한다. 이제 기독교적 건국론은 복잡한 국제 관계 안에서 맞이한 한반도와 미국과 러시아의 개입이라는 새로운 상황의 도래, 공산주의라는 구체적인 위기특히 정치적으로 패배하여 월남해야 했던 월남민들의 인식에서, 그리고 남한에서의 정착이라는 공간적 이동을 배경에서 본격적으로 강조되었다.

일본의 제국주의 지배 아래에 있던 한반도는 해방을 맞이하면서 또 다른 질서 안에 편입된다. 미군정과 소련군정이 각각 한반도의 남쪽과 북쪽을 행정구역상 분리시켰다. 이러한 상황에서 건국을 준비하는 다양한 이념들이 제시되고 단체들이 만들어지고 정치 운동이 벌어졌다. 기독교 지도자들도 여기에 적극 참여했다. 해방 전에 이미 개신교 신자 비율은 서북 지역을 중심으로 형성되어 있었고, 해방 후 서북 지역 개신교 지도자들은 적극적으로 건국을 준비하는 정당 활동에 앞장섰다.

해방 후 북쪽에서 한경직의 공산당 경험은 월남 후 그의 기독교적 건국론이 강한 반공주의 성향을 띠게 만드는 결정적 요인이 되었다. 해방 직전 한경직은 신의주 자치위원회를 구성하여 새로운 상황을 대비하고 있었다. 상해 임시정부 내무부 비서국장을 역임했던 이유필신의주제1교회 신자을 위원장으로 모시고, 윤하영신의주제1교회 목사과 한경직신의주제2교회 목사이 부위원장을 맡았다.[22] 해방이 되면 신의주에 미군이 진주할 것으로 예상했으나, 소련군정이 진입하였고 공

---

22. 한경직, 위의 책, 308쪽.

산당이 지지를 받는다. 공산세력에 의해 윤하영과 한경직은 부위원장 자리에서 축출당한다. 이후 한경직은 공산세력에 맞서기 위해 1945년 9월 18일에 기독교사회민주당을 창당하였다.[23] 기독교사회민주당이 점차 당세를 확장해 가자 소련군정과 공산당은 이를 탄압한다. 1945년 11월 16일 용암포에서 개최된 지부당 조직 대회에 경금속공장 소속 공산당원들이 습격하여 대회를 방해하고 장원봉과 홍석황 등을 살해한다. 용암포 사건으로 인해 학생들이 시위운동신의주 학생운동을 시작하였고, 소련군정은 계엄령을 선포한 뒤 기독교 사회민주당 간부들을 체포하라는 명령을 내린다. 이렇게 정치투쟁에서 밀려 당원들이 체포 대상자가 되자 한경직과 개신교 지도자들은 대거 월남한다. 이때부터 한경직에게 공산당은 기독교 제1의 적이 된다.

월남한 북한 장로교 세력은 '이북신도대표회'의 회장인 한경직을 중심으로 점차 남한 장로교와 개신교 세력의 중심이 되었다. 해방 후 남쪽에서 열렸던 장로교 총회1952-1953년에서 월남인들이 차지하는 총대 숫자는 71명총 188명 중에 달하였다.[24] 이러한 지형도 개편을 바탕으로 공산주의에 대한 그들의 인식이 남한 개신교의 담론이 되었다. 이 담론은 바로 기독교 정신에 근거한 건국론이고, 그 저변을 형성한 이상향은 초기 뉴잉글랜드의 신정 정치를 향한 동경이 있다. 한경직에게 있어 기독교는 종교인 동시에 정치적 이념

---

23. 영락교회, 『영락교회 50년사』, 영락교회, 1998, 47쪽.
24. 김양선, 『한국기독교 해방10년사』, 예장총회교육부, 1956, 253-254쪽.

으로 인식되었다. 이는 곧 해방정국의 다양한 건국 주체들과의 대립으로 귀결되었다. 사회주의를 계시록에 기록된 '붉은 용' 즉 절대악으로 규정하고 강력한 사상 투쟁을 전개하기 시작했다. 반공 투쟁을 위한 행동력으로 우익 청년단체들이 동원되었다. 영락교회 청년들은 서북청년단의 우익 테러에 가담하여 활동하였다. 이와 동시에 한경직은 이승만의 남한 단정을 개신교 차원에서 지지하는 입장을 고수하고 독려했다. 이러한 방식으로 기독교인이면서 사회주의 이념을 택하거나 좌우합작인 제 3의 길을 택했던 시도들은 남한에서 정치적으로 제거되었다.

이 시기에 그의 애국사상에는 반공의식이 일관되게 흐른다. 월남 후 그는 설교를 통해 기독교의 입장에서 공산주의를 사상적으로 비판했다. 그는 공산주의의 유토피아 사상의 본질 자체는 악한 것이 아니라고 말한다. 그러나 유토피아를 실현하기 위해 공산주의가 채택한 방법종교를 거부, 계급투쟁에서의 폭력 등에 근본적인 결함이 있다고 본다. 왜냐하면 인간이 유토피아적 사회상을 이해하고 수용하는 데 한계가 있기 때문이다. 그는 기독교적 사랑의 방법을 통해서 이것이 가능하다고 주장한다. 민족의 비극인 한국전쟁1950-1953년이 발발하고 나서 이러한 반공의식은 남한에서 더욱 공고히 자리를 잡는다.[25]

---

25. 한경직과 한국전쟁에 관련해서는 이승준, "한경직 목사와 한국전쟁", 『한국기독교와 역사』 15(2001), 9-42쪽을 참조하라. 이승준은 들어가는 말에서 한경직의 전시기간 행적을 추적하고 그의 설교에서 나타나는 사상을 분석하여 정리한다고 밝힌다. 그는 한경직의 전시 행적에 대해 (1) 복음전파, (2) 국군을 위문하고 피난민을 구호하는 구국회 활동, (3) 사회구호사업, (4) 미국과의 연계(미국의 한국

3. 기독교적 건국론 내용 분석: 기독교, 애국, 신문명

　기독교적 건국론은 3가지 요소로 구성되어 있다.[26] (1) 애국: 한경직에게 복음[27]과 민족은 같은 운명공동체적 성격을 가지며, 종교적 부흥은 곧 민족의 부흥으로 인식되었다. (2) 신문명: 한경직은 조국의 근대화, 부강한 조선 국가를 성취하려는 이상을 이스라엘 민족에게 신이 허락한 '젖과 꿀이 흐르는 땅, 가나안'으로 비유하였다. (3) 기독교: 복음화운동은 민족현실 개혁을 목적으로 삼은 전도 운동이다.

　이러한 분석을 기초로 순서를 재구성해 보자. 먼저 이혜정이 신문명 2번 요소에서 설명한 '가나안 비유'를 한경직의 성경해석학이라는 측면에서 설명하려고 한다. 그리하여 해석자의 상황, 성경 해석, 그리고 설교로의 선언이라는 순환이 어떻게 이루어지는지 확인할 것이다. 또한 이혜정이 기독교 3번 요소에서 자세히 다루지 않은 한경직의 '신론'의 특징을 다루고자 한다. 이를 통해 특히 왜 한경직이 반

　　원조) 등으로 정리한다. 그리고 그는 한경직의 설교에 대해 (1) 공산주의를 기독교의 적으로 간주하지만 이론적으로 공유할 수 있는 접점의 가능성을 인정한 것과, (2) 한국전쟁을 한편으로는 평화론적 관점에서, 다른 한편으로는 반공주의 투쟁적 관점에서 말하는 것을 '역설적 긴장'으로 평가한다. '역설적 긴장'이라는 긍정적인 평가에 대해 한규무 논찬자는 다음과 같이 의문을 제기한다. (1) 한경직이 공산주의자들을 대화의 상대로 여기는 노력을 한 적이 있는가, (2) 한경직이 공산주의를 비판했듯이 자본주의의 폐단을 비판한 적이 있는가, (3) 한경직의 통일론은 이승만 정권의 기조인 북진통일론을 따르다가 1970년 이후 주류 통일론이 평화통일론으로 바뀌었을 때 선회한 것이 아닌가. 즉, 한규무의 질문은 이승준이 역설적 긴장이라고 평가하는 것을 모순이라고 지적하는 것이다.

26. 이혜정, 위의 책, 120-141쪽. 이혜정 교수는 '한경직의 기독교적 건국론'을 가장 전문적으로 연구한 학자이다. 한국학중앙연구원 한국학대학원에서 이 주제로 박사학위(2006년)를 받았고, 한경직기념사업회의 후원을 받아 논문을 책으로 출판(2011년)하였다.
27. 위의 책, 129쪽.

공사상을 기독교와 긴밀히 연결시켰는지 신학적 근거를 확인할 수 있다. 본 장의 순서는 다음과 같다. (1) 한경직의 해석학: 가나안 모티프, (2) 애국, (3) 신문명, (4) 기독교이다.[28]

1) 한경직의 해석학: 가나안 모티프

한경직의 설교에서 기독교, 애국, 신문명이라는 주제들을 회중에게 전달하기 위해 사용되는 중요한 개념이 있다. 바로 '가나안 모티프'Canaan motif이다. 가나안 모티프는 한경직의 민족현실 이해에 기초한 독특한 해석학적 장치이다. 모세오경에 기록된 이스라엘 민족의 이집트 압제로부터의 해방, 광야 40년 여정, 약속의 땅 가나안으로 입성, 그리고 가나안 원주민과의 전쟁이라는 일련의 사건들은 한민족의 현실과 유비類比된다. 그는 가나안 복지福地를 개인적, 민족적, 영적으로 해석할 수 있다고 말한다.[29] 특별히 1940-60년대 설교들에서는 민족적, 영적인 해석이 지배적인데, 이는 해방 후 그리고 한국전쟁 전후로 민족 재건과 부흥이 긴급한 사명으로 인식되었기 때문이다. 가나안 모티프는 (1) 가나안 입성 준비 단계, (2) 가나안 입성 및 정복이 각각 한민족의 시대적 상황에 따라 적용된다.

---

28. 기독교적 건국론은 그 중요도에 따라 기독교, 애국, 신문명의 순서로 분류된다(숭실대학교의 순서). 그러나 시대적 배경(민족적, 국가적 위기)을 강조하기 위해 여기서는 애국, 신문명, 기독교의 순서로 서술하고자 한다(오산학교의 순서).
29. 한경직, 「모험적 신앙」, 『한경직목사설교전집』 제9권. 한경직은 가나안 복지를 개인적으로 어떤 사업을 경영할 때 성공하는 것, 민족적으로 남북통일과 민주주의 국가를 확립하는 것, 영적으로 개인의 영혼 구원과 민족을 복음으로 정복해 기독교 국가를 만드는 것과 기독교 아시아를 이루는 것으로 적용할 수 있다고 제시한다.

가나안 입성을 앞두고 있는 단계는 이집트로부터 나온 이스라엘 민족이 광야에서 40년간 떠돌았던 사건과 40년이 지난 후 2세대를 중심으로 모압 평지에 결집해 있는 상태를 말한다. 이와 같이 한민족도 해방을 맞이하였고 새로운 국가 건설을 앞둔 상황에 있다. 그러므로 한민족은 약속받은 가나안으로 입성을 바로 눈앞에 두고 있으며 정신적으로 준비되어야 하는 상태로 묘사된다.[30] 여기서 이스라엘과 한민족의 상호 간 동질성은 하나님을 섬기는 종교적 기반의 공동체시내산, 교회라는 점과 역사를 주관하는 하나님의 구원역사 진행에 현재 민족적혹은 국가적으로 참여하고 있다는 점이다.[31] 민족적 현실은 한경직이 성경을 해석하는 하나의 중요한 전제가 되고, 설교는 교회와 한민족을 고무시키는 방편이 되어 일종의 순환이 일어난다. 정리하면, '이스라엘 민족', '해방', '약속의 땅'은 각각 '한민족', '일본 제국주의로부터 해방', '건국을 앞둔 한반도'에 직접 적용된다. 더불어 이러한 구도를 먼저 성공적으로 이룬 미국 청교도들의 이주와 건국은 한경직의 설교에서 예화로 자주 등장하며 가나안 모티브의 전범典範으로 제시된다. 이스라엘, 한민족, 미국 청교도를 비교하여 도표로 보면 다음과 같다.

---

30. 한경직, 「교회란 무엇인가」, 『한경직목사설교전집』 제1권, 22쪽.
31. 한경직, 「가나안 점령의 명령」, 『한경직목사설교전집』 제1권, 460쪽.

한경직 설교에서 이스라엘 민족, 한민족, 미국 청교도

민족(집단)	압제로부터 해방	정신적 기초	약속의 땅
이스라엘	이집트	시내산	가나안
한민족	일본	기독교, 교회	해방된 한반도
미국 청교도	영국	기독교, 교회	아메리카 신대륙

이어서 가나안 입성과 정복은 민족의 부흥 혹은 민족의 재건이라는 목표와 연결된다. 이스라엘은 가나안 입성 후 정복전쟁을 통해 그곳에 있는 원주민인 '7족속의 잔재'를 청산하고 하나님의 율법으로 나라를 세워가는 과정을 거쳐야 했다. 한경직의 인식에서 한민족도 동일한 사명을 부여받는다. 즉, 가나안이 정말로 복지가 되려면 이스라엘 민족이 그러했던 것처럼 정복 전쟁이 완성되어야 한다. 점령해야 할 대상들은 공산주의유물론, 배물주의拜物主義, 세속주의, 그리고 아직 복음을 받아들이지 않는 모든 백성 등으로 제시된다.[32] 물론 복음으로 정복해야 하는 대상은 한국전쟁으로 인해 지리적으로 분리된 북한의 주민들도 포함된다.[33] 한경직은 이러한 가나안적 잔재들을 모두 섬멸殲滅해야 한다고 강력히 주장한다. 하나님께서 한반도를 가나안 복지로 주셨을지라도 가나안 원주민들을

---

32. 한경직, 「삼천리 가나안 복지」, 『한경직목사설교전집』 제2권, 191-92쪽. 이 설교에서 한경직은 이스라엘이 정복해야 했던 가나안 원주민을 각각 한반도 상황과 연결시킨다. 아낙 자손은 공산당, 블레셋 족속은 배물주의자, 아모리 족속은 세속주의자로 비유된다. 또한 현재 한 민족 2700만 중 믿는 사람이 100만에 불과하다는 점을 강조하여 지적하면서 군대 안에서, 학교 안에서, 상점 안에서, 그리고 농촌에서 가나안 복지를 좀먹는 원수를 멸하고 십자군으로서 이 땅을 점령하자고 촉구한다.
33. 한경직, 「가나안 점령의 명령」, 462쪽.

정복하지 못하는 한 이 땅에서 축복을 받을 수 없기 때문이다.

이 두 가지 관점에서 발견할 수 있는 것은 한경직의 인식에서 '민족'이 이중적 의미를 갖는다는 점이다. 한편으로는 한민족 전체가 현재 구원역사에 참여하는 주체로서 구약의 이스라엘 민족과 동등한 위치에서 언급되지만_{우리}, 다른 한편으로는 시내산과 대응을 이루는 교회의 주도하에 정신적_{혹은 도덕적}으로 변화를 받아야 하는 대상으로 묘사되기도 한다_{너희}.[34] 이렇게 가나안 모티브는 청중들에게 한반도에서 기독교적 국가의 건설을 이스라엘이 수행하였던 종교적 사명 혹은 종교적 전쟁과 동일한 차원으로 이해되고 내면화되기 시작했다.

2) 애국: 민족 구원론

한경직의 애국 사상에는 다음과 같은 특징들이 있다. (1) 구원론에 기초한 애국, (2) 하나님의 구속역사에 민족적으로 참여, (3) 국가와 교회의 협력적인 관계이다. 첫째, 한경직의 애국 사상은 교의학의 주제들 중 '구원론'과 밀접하게 연결되어 있다. 그는 설교에서 민족 전체가 복음화되어야 한다는 당위성을 자주 강조한다. 일제강점기라는 극한적 상황에서 기독교인뿐만 아니라 다양한 배경_{학문, 종교, 신분 계층 등}을 가진 이들이 항일운동으로 연대했다. 그러나 해방 공간에서 건국이라는 새로운 목표가 주어졌을 때 한경직은 민

---

34. 한경직, 「건국과 기독교」 『한경직목사설교전집』 제1권, 108쪽.

족이 생존하는 유일한 길은 기독교 진리를 받아들이는 일이라는 점을 분명히 한다. 그는 민족주의와 기독교적 민족주의_{혹은 기독교적 건국}를 분명하게 구분 짓는다. 즉, 단순한 민족중심주의는 한민족을 구원하지 못한다. '구원'이라는 기독교의 핵심 교리가 그의 신학 사상에서 늘 중심에 위치한다.

> 오, 대한 민족이여! 그리스도로 하여금 더 오래 문 밖에서 두드리게 하지 말고, 우리의 중심의 문을 열어 놓고 그리스도를 영접합시다. 남자나 여자나, 선생이나 학생이나, 노동자나 농민이나 다 구주를 영접합시다. 어떤 지도자들은 "글세, 다 믿으면 좋기는 하겠지만…" 이렇게 말합니다. 이런 미지근한 태도는 쓸데없습니다. 기독교가 과연 대한을 살릴 유일한 진리인줄 알면 뜨겁게 환영해야 할 것입니다. 미지근한 신앙으로 구원을 얻는 자 없고, 무엇에나 미지근한 태도로 성공한 자 없습니다. _1947년 월일미상, 베다니교회, 건국과 기독교에 수록된 설교[35]

구원이란 구체적으로 무엇인가? 복음의 내용을 듣고 성령의 역사에 의해 그리스도를 믿음으로 죄 용서를 받고 하나님의 자녀가 되는 개신교 전통적인 구원관, 즉 중생_{regeneration}이 가장 기초적인 개념이다. 반면에 특별히 사회적 차원의 구원도 상당히 강조한다. 사회의 정치, 경제, 도덕을 포함한 각 방면이 기독교적 정신으로 재

---

35. 한경직, 「대한민족아, 깨어라」, 『한경직목사설교전집』 제1권, 120쪽.

편성되는 사회적 중생과 개혁을 의미한다.[36] 이는 민족이 해방을 맞이하였으나 아직 독립된 국가로 발전하지 못했다는 현실 인식과 다양한 건국이념이 논의되던 당시의 상황을 반영한다. 이 사회적 차원의 구원을 이룩하기 위해서 한경직은 일반 신자들에게 전도가 최대의 정치운동이라고 강조한다. 전도운동을 통해 민족의 사상이 기독교 사상으로 순화될 것이라는 논리적 귀결이다.[37]

둘째, 하나님의 구원역사는 민족적혹은 국가적 차원에서 이루어진다. 한경직의 민족적 경험에는 일본 제국주의 지배의 피해, 해방 후 정치적 갈등과 사회 혼란, 한국전쟁으로 인한 월남인들과 실향민들의 아픔이 늘 자리하고 있다.[38] 그에게 있어서 조선 말기에 외국 선교사들이 들어와서 복음을 전파하고 기독교 계열의 학교들을 세워 신학문으로 학생을 교육시키는 일련의 과정들은 새로운 나라를 세우고자 하시는 하나님의 섭리로 이해된다.[39] 이스라엘이 배척한 기독교를 유럽의 많은 나라가 국가의 정신적 기초로 삼아 부강했으며, 특히 청교도들의 미국이 그러하다. 하나님의 구원역사의 진행은 이제 역사적 경륜에 따라 한국으로 이동한다. 그러므로 민족은 같은 경험을 공유하며 장래를 함께 준비하는 운명공동체로서 '우리'이다. 그의 설교 용어에서 설교자 자신과 청중을 하나로 묶는 '우리'라는 표현에는 민족과 교회가 명확하게 구분되지 않는다. 교회와

---

36. 한경직, 「교회란 무엇인가」, 21쪽.
37. 한경직, 「기독교와 정치」, 『한경직목사설교전집』 제1권, 30쪽.
38. 한경직, 「목자 없는 양」, 『한경직목사설교전집』 제1권, 498-99쪽.
39. 한경직, 「건국과 기독교」, 105-08쪽.

민족이 상호 교차적으로 언급된다. 교회가 건국에 있어서 주도권을 가지고 있다는 점은 분명하지만, 기독교를 기본 정신으로 하는 신앙공동체적 국가관도 동일 선상에서 제시된다.

셋째, 국가와 교회의 협력적 관계이다. 한경직은 역사적으로 3가지 종류의 국가와 교회 관계가 있었음을 말한다. 국가가 특정 종교를 국교로 채택하는 콘스탄티누스 1세 이후 기독교 국가들 Christendom, 국가가 교회에 예속된 중세기, 그리고 칼뱅주의 국가미국, 네덜란드이다.[40] 그는 3번째 형태를 가장 이상적인 관계로 규정한다. 그 이유는 원칙적으로 국가와 교회가 완전히 분리되는 것이 그리스도의 교훈에 합당하며, 간접적으로는 국가의 정신적 기초가 되는 것이 바람직하기 때문이다. 그는 교회가 종교적으로 국가의 간섭을 받지 않으면서 동시에 국가를 세워가는 근본 이념이 되어 민족 통합적 기능을 수행하는 건국론을 피력한다.

그러므로 더 근본적인 가치신앙의 자유, 교회의 존립 등를 위해서 교회는 정부에 협력할 수 있다. 심지어 악한 정부가 들어설 때도 그러하다. 국가의 안보가 중요한 핵심적인 이유는 "정치적 자유가 없이 신앙의 자유와 기타 모든 것은 없는 것"이기 때문이다.[41] 이러한 신념은 그의 목회 사역 후반기에서도 계속 유지되는데, 군사정부 시절 교회가 사회문제와 관련하여 선지자적 사명을 다소 등한시하지 않았냐는 질문에 대해 다음과 같이 본인의 견해를 제시한다.

---

40. 한경직, 「기독교와 정치」, 28쪽.
41. 위의 책, 29쪽.

또 그동안 우리 한국에서 해방 이후에 된 일들은 아주 혼란한 일도 있었고 또 군사정부도 들어서지 않았어요? 그런 상황에서 교회가 적극적으로 나서는 것, 가령 박정희 대통령 때 반대를 했는데, 교회가 이래야 되느냐 나는 그건 또 반대했어요. 왜 그런고 하니 암만 정부가 나쁘다 해도 무정부보다는 낫다는 것을 내가 오래 전에 깨달았기 때문이지요. 그러니까 박정희 대통령을 이거 없앨 수가 없거든, 우리 교회의 힘으로는, 없다면 그저 가만히 있으면서 우리 교회의 일이나 하는 것이 좋지 않겠느냐, 이런 생각으로 직접 무슨 인권운동이라든가 그런 데는 될 수 있는 대로 관계를 멀리 했어요. 멀리 하고 그저 교회는 전도하고, 교육하고…, 그래서 제가 학교에 많이 관계했지요.[42]

3) 신문명: 민주주의 문명과 과학문명

한경직의 애국 사상을 통해서 한민족이 하나님의 구속역사의 새로운 국면을 맞이하였다는 그의 시대적 인식을 살펴보았다. 건국을 앞둔 과도기의 한민족에게 필요한 것은 신문명으로의 전환이다. 한경직이 말하는 신문명 혹은 현대문명은 미국과 영국으로 대표되며 "헬라의 철학, 과학, 예술, 로마의 법률, 질서, 의무 등이 기독교적 윤리에 동화된 문명"이다.[43] 신문명과 반대로 기독교가 들어오기 이전의 조선 문명은 이제 극복해야 할 구시대적 산물이다. 그는 치

---

42. 이만열, 위의 책, 159쪽.
43. 한경직, 「기독교와 현대문명」, 『한경직목사설교전집』 제1권, 109-110쪽.

유해야 할 사회의 악으로 3가지를 말하는데, 바로 죄, 무지, 가난이다. 이는 일찍이 기독교적 사회진화론을 주장했던 윤치호의 관점과 유사하다.

한경직이 강조하는 신문명을 요약하면 '민주주의 문명'과 '과학 문명'이다. 첫째, 민주주의 문명은 기독교 신앙을 기초로 하는 윤리적 원리이다. 여기서 민주주의는 포괄적인 의미에서 개인의 인격에 대한 존중, 자유와 평등의 사상이다. 이러한 주장의 근거는 창세기에 기록된 하나님의 창조원리와 하나님 형상에서 출발한다. 태초에 하나님께서 한 인간을 창조하셨고, 인간은 곧 하나님의 형상이다창1:26-27. 인간이 이처럼 고귀한 존재이기에 하나님은 인간을 구속하기 위해 자신의 독생자를 주기까지 사랑하셨다. 그러므로 이러한 기독교적 토양에서 사해 형제주의, 평화주의, 그리고 평등주의 등이 형성되었다.[44] 이는 유물론적, 폭력적, 독재적 사상과 반대된다. 그는 이러한 점에서 바로 기독교가 일본의 제국주의에 맞서는 저항정신이 될 수 있었음과 실제로 안창호, 이승훈, 이승만, 김구, 김규식과 같은 애국지사들이 기독교인임을 강조한다.[45]

둘째, 기독교의 토양에서 형성된 과학문명이다. 학문으로서 과학은 일찍이 한경직의 사상적 기반이 된 오산학교와 숭실대학에서 지속적으로 강조되었다. 일본 제국주의의 힘 역시 메이지유신의 근대화를 기반으로 가능했고, 그것을 대항할 수 있는 실력 증진

---

44. 위의 책, 110쪽.
45. 한경직, 「대한민족아, 깨어라」, 118쪽.

도 근대화의 상징인 서양식 학교에서 이루어지는 교육이었다는 점을 철저히 경험한 한경직에게 과학은 중대한 요소이다. 특히 그가 18세기 영국을 중심으로 일어난 산업혁명을 높이 평가하는 것에서 과학기술을 바탕으로 한 산업화로 국가의 부강을 기대했음을 알 수 있다.[46] 따라서 근대화를 통해 국가적 경쟁력을 갖추고 서양 국가들이 주도하는 세계 질서에서 참여하여 동등한 위치를 차지해야 함을 강조한다.

> 다음에는 과학을 배워야 합니다. 현대 과학의 지식이라 하면 그 범위가 너무나 넓어서 다 배울 수는 없으나 어떤 부분에 있어서 전문적 지식을 배워 그 방면에서 제일인자라는 권위를 가질 만큼 되어야 하겠습니다. 우리 대한 청년은 지금 각 방면에 있어서 전문적으로 철저히 배우지 않으면 20세기 현대에 있어서 외국인과 도저히 어깨를 같이 겨누고 나갈 수 없을 것입니다. _1947년 2월 2일, 영락교회 기독교 학생회 헌신예배. 건국과 기독교에 수록된 설교[47]

4) 기독교

존재이신 하나님

기독교는 애국과 신문명의 근원이 되며 가장 중요한 요소이다.

---

46. 한경직, 「기독교와 현대문명」, 110쪽.
47. 한경직, 「학생의 헌신」, 『한경직목사설교전집』 제1권, 49쪽.

한경직의 기독교 이해는 다음과 같은 특징들이 있다. 첫째, 하나님은 존재이며 인간은 존재에 의해 규정되어야 하는 존재물이다. 둘째, 기독교는 모든 것물질의 근원인 '정신'이다.

먼저, 존재 증명이라는 변증적 신론에 대해 살펴보자.[48] 한경직의 신존재증명은 "기독교란 무엇인가?"라는 연속 설교에서 잘 드러난다. 설교의 순서는 다음과 같다. (1) 왜 종교가 필요할까?, (2) 인류 최대의 뉴스, (3) 하나님의 존재와 인간의 갈망, (4) 우주의 질서와 고안, (5) 예수 그리스도, 그는 누구인가?

그는 가장 먼저 종교의 필요성을 입증하려고 시도한다. 종교가 필수적인 이유는 인간에게 '영혼'이 있기 때문이다.[49] 영혼은 인간의 육신과 대비되는 더 근원적인 요소이다. 따라서 인간은 물질적인 문제를 해결한다고 해도 완전한 만족을 얻을 수 없고 공허하다. 영적인 만족이 필요하다. 영혼의 문제는 죽음의 문제와 즉각 연결된다. 인간이라는 존재는 고통과 죽음이라는 현실 앞에서 수동적이다. 따라서 죽음을 경험하거나 생각할 때 육신적인 것을 넘어서는 종교의 영역을 생각하지 않을 수 없다. 이렇게 종교가 인간에게 반드시 필요하다는 점을 전제하고 난 후에야 그는 구체적으로 기독교가 어떤 종교인지 설명한다.

한경직이 기독교를 정의하는 가장 첫 번째 문장은 '하나님을 믿는 종교'이다. 물론 사랑의 종교, 독생자 예수 그리스도를 믿는 종

---

48. 한경직, 「신앙과 의심」, 『한경직목사설교전집』 제2권, 58-60쪽.
49. 한경직, 『기독교란 무엇인가?』(한경직목사기념사업회, 2017), 20-23쪽.

교, 모든 믿는 사람에게 영원한 생명을 주는 종교라는 표현들도 뒤따라 제시된다. 그러나 "기독교란 무엇인가?"라는 설교에서 가장 중요한 목표는 무신론의 세계를 대항하여 하나님의 존재를 증명하는 것이다.[50] 그는 유신론을 입증하기 위해 '관념'concept이라는 개념을 설명한다.

> 가령 어둡다고 하든지, 거짓되다고 하든지, 구부러졌다고 하든지 등의 관념들은 모두 부정적인 것들입니다. 부정적인 관념은 긍정적 관념이 있기 때문에 비로소 생긴 것입니다. 예컨대, 빛이 없으면 어둡다고 하는 말이 있을 수가 없습니다. 거짓이라는 것도 참이 있기에 거기에 대한 부정적 관념으로 존재합니다. 참이 없으면 거짓이란 말도 없을 것입니다.[51]

관념에 대한 설명은 인간의 종교성religious nature을 말하면서 더욱 분명해진다. 인간은 종교적 동물이고 무엇을 숭배하려는 종교적 욕망을 가지고 있다.[52] 그에 따르면 본능nature은 항상 그것이 향하고 있는 대상이 존재할 때만 가능하다. 즉, 인간 안에 종교성이 있다면 그 대상이 되는 하나님이 존재한다는 것을 입증한다는 말이다.

왜 봄에 풀이 위로 자라납니까? 위에는 햇빛이 있기 때문입니

---

50. 위의 책, 44-47쪽.
51. 위의 책, 54-55쪽.
52. 위의 책, 70쪽.

다. 왜 사람의 심령이 높은 것을 앙망하고 동경합니까? 위에 하나님이 계시기 때문입니다. 그래서 옛날 헬라의 유명한 철학자인 플라토Plato는, "무신론은 질병 중의 하나이다"라고 지적했습니다. 무신론을 주장하는 사람은 말하자면 병자입니다. 정상적인 사람은 무신론을 주장할 수 없을 것입니다.[53]

또한 도덕성혹은 양심 역시 인간의 내면에만 존재하는 고유한 의식이다. 인간에게 있는 양심은 어떤 사안에 대해서 '이것은 선하고 저것은 악하다'라는 판단을 내릴 수 있는 능력이다. 그런데 절대적 기준에 따라 선하고 악한 것을 판단하는 주체는 하나님이시다. 따라서 인간이 양심의 소리를 듣는다면 하나님의 존재를 인식할 수 있다는 것이 그의 논증이다.

독일의 유명한 철학자 칸트Kant가 인간의 도덕성에 대해 유명한 말을 남겼습니다. "하늘에는 별이 있고 사람의 속에는 도덕적 의식이 있다." 이는 모든 인간에게 '양심'이 있다는 것입니다. 이것이 사람이 사람 된 증거 가운데 하나입니다. 누구나 사람의 가슴 속에는 양심이라고 하는 것이 있기 때문에 무슨 일을 대할 때든지 '이것은 선하고 저것은 악하다'고 도덕적으로 분별하여 줍니다.[54]

---

53. 위의 책, 70-73쪽.
54. 위의 책, 72-75쪽.

이러한 이해에 기초하여 한경직이 하나님을 부르는 방식은 존재론적이다. 그의 설교에서 '하나님'이란 단독적 표현은 마치 고유명사처럼 사용된다. 하나님은 어떤 특정된 이름으로 불리지 않는다. 즉, 하나님을 위격적성부, 성자, 성령으로 부르는 표현은 좀처럼 나타나지 않는다.[55] 반면에 어떤 속성들이 수식어로 붙기도 하는데, 예를 들어 '사랑의 하나님', '공의의 하나님', '무한대의 하나님'과 같은 경우이다. 이는 하나님이 인간의 종교적 혹은 도덕적 특성의 규범적인 존재임을 증명하는 동시에 인간이 하나님을 인정하고 받아들여야 하는 당위성을 요구한다. 즉, 모든 존재물이 존재하도록 하는 근원으로서 하나님을 말하는 것이다.

> 수학을 공부해 본 사람은 소위 "무한대의 관념"을 알 것입니다. 하나를 하나로 제하면 그것은 하나입니다. 그러나 하나를 영으로 제하면 그것은 무한대라고 합니다. 이 무한대는 하나를 영으로 제하나, 백을 영으로 제하나, 천을 영으로 제하나, 마찬가지입니다. 무한대는 언제나 무한대입니다. 하나님은 언제나 절대의 무한대의 하나님인 것을 우리는 기억할 수밖에 없습니다.[56]

한경직은 자신의 설교를 듣는 지역교회의 회원들만 청중으로 삼는 것이 아니라 한민족 전체에게, 그리고 더 나아가 모든 인류에

---

55. 이는 한경직이 삼위일체 하나님을 신앙고백으로 받아들이지 않는다는 말과는 다르다. 여기서 지적하는 것은 설교에서 그가 사용하는 하나님의 이름의 경향성을 가리키는 것이다.
56. 한경직, 「제1계명」, 『한경직목사설교전집』 제10권, 255쪽.

게 그들이 받아들여야 하는 보편적인 진리로서 기독교를 변증한다. 그의 인식에서 하나님은 국가와 민족을 주관하시는 분이고 한민족을 이미 복음화시키기로 작정하셨다는 확신이 기저에 있기 때문이다.[57]

정신으로서 기독교: 항일운동, 반공주의

한경직에게 있어서 정신의 변화는 물질의 변화를 뛰어넘는다. 즉, 물질문명은 사상의 영향력을 압도할 수 없다. 정신으로서 기독교 이해는 일제 말기와 해방 공간에서 각각 한경직의 설교를 통해 회중에게 전달되었다.

먼저, (1) 기독교 정신은 항일운동의 원동력이었다. 유학을 마치고 귀국한 후 신의주제2교회에서 목사로 활동하던 한경직의 한 주일 오전 설교를 통해 이를 확인할 수 있다. 그는 일본 제국주의가 무력으로 동아시아를 지배하고자 하는 전쟁 논리가 성공하지 못할 것이라고 예측하였다. 그에 따르면 세계를 정복하는 것은 무력이 아니라 사상이다. 그는 "제1세기 세계를 정복할 수 있었던 유대민족은 실제로 기독교 교리를 바탕으로 세계를 정복하였다. 이러한 정복이 진정한 정복이다"라고 확신하였다.[58] 즉, 그는 무력으

---

57. 한경직, 『기독교란 무엇인가?』, 108쪽.
58. 〈基督教徒 其他 反國家의 言動〉, 《治安狀況》(昭和 12年) 第26報~第43報 1937년 10월 15일(국사편찬위원회 한국사데이터베이스 http://www.history.go.kr/url.jsp?ID=NIKH.DB-ha_d_170_0830, 2019년 11월 10일 검색).

로 세계를 지배하려는 일본의 대동아공영권 大東亞共榮圈 전쟁을 비판하는 동시에 앞으로 조선민족이 세계 주도권을 얻기 위해 기독교 사상으로 무장되어야 함을 회중에게 설득시켰던 것이다.

(2) 해방 공간에서 기독교 정신은 반공주의와 손을 잡았다. 새로운 국가를 건설하기 위해 가장 중요한 요소는 국민이 기독교적 정신으로 재무장하는 것이다.[59] 그가 그토록 강조한 과학도 종교적 감화 없이는 인류를 파멸로 몰아넣을 수 있으며, 도덕도 인권을 유린하고 인간을 구속할 수 있다.[60] 그는 해방 후 한반도의 상황을 '사상의 혼돈'이라고 규정한다.[61] 일반 대중이 유신론과 무신론, 민주주의와 독재주의, 기독교 사회주의와 공산주의, 건설과 파괴, 문명과 야만이라는 사상적 기로에서 혼란을 겪고 있다는 것이다. 특별히 그의 인식에서 공산주의는 기독교의 존립과 관계있는 '기독교 최대의 적'이다. 왜냐하면 한경직은 공산주의가 종교를 거부하는 무신론과 정신보다 물질을 우선하는 유물론에 기초하기에 기독교와 사상적으로 가장 극렬하게 대치된다고 판단하기 때문이다.[62] 다음의 인용문들은 그의 설교에서 공산주의에 대한 대표적인 묘사이다.

> 1848년 마르크스와 엥겔스가 발표한 공산당 선언 첫 구절은 이런 말로 시작합니다. "한 괴물이 유럽을 횡행하고 있다. 곧 공산

---

59. 한경직, 「교회란 무엇인가?」, 22쪽.
60. 한경직, 「기독교와 예술」, 『한경직목사설교전집』 제1권, 11쪽.
61. 한경직, 「기독교와 정치」, 29-30쪽.
62. 한경직, 「청교도 신앙」, 『한경직목사설교전집』 제1권, 87-88쪽.

주의란 괴물이다." 저들의 말 그대로 공산주의야 말로 일대 괴물입니다. 이 괴물이 지금 삼천리 강산에 횡행하며 삼킬 자를 찾고 있습니다. 이 괴물을 벨 자 누구입니까? 이 사상이야말로 묵시록에 있는 붉은 용입니다. 이 용을 멸할 자 누구입니까? 사람은 떡으로만 살 것이 아니라 하나님의 입으로 나오는 말씀으로 사는 것입니다. _1947년 월일미상, 『건국과 기독교』에 수록된 설교[63]

그러나 해방의 기쁨도 식기 전에 공산적마共産主義의 작란作亂으로 38선이 막히고 6·25 사변이 일어나고 오늘까지 자유를 위해 싸우는 가열苛烈한 전쟁이 계속되고 있습니다. _1953년 3월 1일, 『원자시대와 신앙생활』에 수록된 설교[64]

서머나에 사단의 회가 있는 것과 같이 우리 한국에도 사단의 회라고 볼 수밖에 없는 공산당이 있습니다. 이와 같이 38선 가운데에 사는 우리는 장래를 예측하기 어려운 것입니다. 우리가 지금은 다소 휴전 아래 평화를 누린다고 하지만, 사실 우리는 국제정세에 따라서 언제 무슨 일이 돌발할는지 모르는 가운데 우리의 생활을 계속하는 것입니다. _1956년 12월 2일, 『신자의 사회적 사명』에 수록된 설교[65]

---

63. 한경직, 「기독교와 공산주의」, 『한경직목사설교전집』 제1권, 99쪽.
64. 한경직, 「원자시대와 신앙 생활」, 『한경직목사설교전집』 제1권, 363쪽.
65. 한경직, 「죽도록 충성하라」, 『한경직목사설교전집』 제2권, 236쪽.

한경직은 설교에서 공산주의에 대한 강한 경계를 자주 드러낸다. 그는 요한계시록에 기록된 '붉은 용'으로 비유한다. 즉, 공산주의를 종말론적인 교회의 대적으로 분류하는 것이다. 그러므로 건국 준비에 있어서 기독교와 공산주의의 대결이라는 사상전思想戰은 반드시 승리해야 하는 종교적 전쟁 혹은 종교적 사명으로 회중에게 인식되었다. 또한 그는 공산주의를 '적마'붉은 마귀나 '사단의 회'로 표현하면서 현재 상황해방 공간에서의 이념 갈등, 한국전쟁으로 인한 폐허이 하나님 나라와 사탄의 영적인 전쟁 때문에 일어난 결과라고 회중을 지속적으로 인식시킨다.

5) 기독교, 애국, 신문명의 상호관계

이상의 3가지 요소는 서로 유기적으로 연결되어 있다. 한경직에게 기독교는 가장 핵심적인 요소로서 애국과 신문명을 가능하게 하는 '정신적 원동력'이다. 특별히 한경직의 설교에서 애국 사상과 기독교 신앙은 서로 크게 구별되지 않는 것처럼 보인다. 왜냐하면 그에게 있어 진정한 애국은 곧 '민족구원'이기 때문이다. 이 명제는 그의 평생 일관되게 작용한다.[66] 독립, 건국, 신문명과 같은 목표는 모두 민족구원이라는 절대 가치에 종속된다. 신문명은 기독교적 정신이 발현된 이상적 사회로서 하나님께서 주시는 복福의 결과물이다. 신문명을 통한 국가의 부흥이 애국의 실천이다. 3가지 요

---

66. 정성구, 〈한경직론: 한경직의 설교를 논함〉, 《목회와 신학》 37(1992), 204쪽.

소의 상호관계를 다음과 같이 도식화할 수 있다.

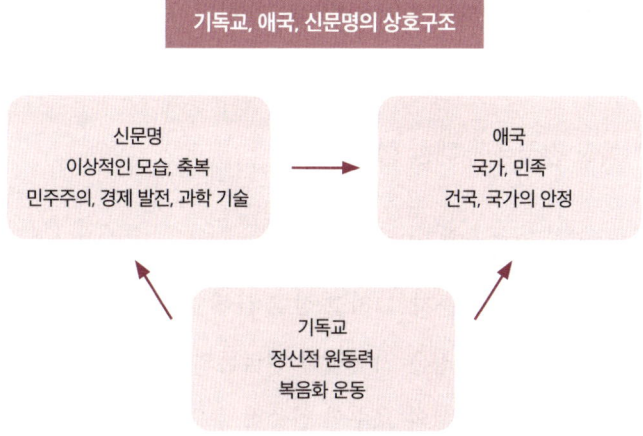

한경직의 사역 초기1945-1960와 후반1960-2000을 비교하면 기독교적 건국론의 구조에서 변화가 감지된다. 물론 3가지 요소의 근본적인 구조와 내용은 그대로 유지되고, 강조점이나 의미변화에 있어서 약간의 차이가 발생할 뿐이다.[67] 1940-1950년대의 설교에서 애국과 신문명이 강조되는 반면, 1960-70년대부터는 애국과 신문명에 대한 호소가 상대적으로 점차 감소하고 모든 초점이 기독교에 집중된다. 이때부터 기독교적 건국론은 한경직의 통합교단을 중심으로 해서 범기독교적 '전국복음화운동'이라는 방향으로 진행된다. 이는

---

67. 이혜정, 위의 책, 152쪽. 1950년대 이후로 3가지 요소의 의미는 각각 기독교는 전국복음화운동과 정신혁명으로, 신문명은 경제성장과 개발정책으로, 애국은 국가안정과 보국과 사회안정으로 변화한다.

제국주의라는 외부의 위협이 해소되고 남한에서 반공주의가 담론으로 견고히 자리 잡았으며 국가가 안보적, 경제적으로 어느 정도 안정기에 접어들었다는 그의 판단 때문이다.[68]

4. 기독교 건국론에 대한 평가

이상으로 기독교적 건국론의 요소들 기독교, 신문명, 애국이 각각 어떠한 특징을 가지고 있는지, 그리고 상호 간에 어떻게 연관이 있는지를 정리하였다. 이혜정은 기독교적 건국론의 특징들을 다음과 같이 정리한다.[69] (1) 진보와 보수의 절충적 수용이다. 한경직은 복음 수용의 2세대로서, 1세대의 진보적 성향 개화지식인들 계열과 보수적 성향 부흥운동 계열을 절충적으로 수용하여 기독교적 건국론을 형성하였다는 것이다. 그러나 이혜정은 시대 변화에 따라 한경직이 생의 후반으로 갈수록 사회 변화에 관한 관심은 사라지고 개인 단위의 변혁에 치중함으로써 보수적 성향이 두드러진다고 평가한다. (2) 민족 단위의 현실적 구원관이다. 한경직의 구원 개념은 종교적 구원을 포함하여 민족 단위의 구원을 의미한다. 그러나 그의 건국론의 실현 방식은 철저히 개인회심으로 실행되기에 민족 구원에 얼마나 기여하는지 측정하기 어렵다고 평가한다. (3) 해외 교회와의 관계 정립이다. 한경직이 국내선교부와 미국선교본부의 선교노선 입장

---

68. 위의 책, 4-5장.
69. 위의 책, 239-249쪽.

차이로 인한 갈등을 중재하고, 한국교회와 해외교회를 에큐메니즘에 입각한 연합협력 관계로 구축하였다는 것이다. 그리하여 그리스도교 연합사업으로 진행된 복음화운동의 기반을 마련하고 국내 전도 사업에 커다란 공헌을 하였다고 평가한다.

또한 이혜정은 기독교적 건국론의 한계점들을 다음과 같이 정리한다.[70] (1) 한경직과 정부 간의 정교분리 원칙의 견해차이다. 한경직은 정교분리 원칙을 표방하면서도 사실상 정교협력의 필요성을 인식하고 있었다. (2) 새로운 비전 제시 부재보수성이다. 내부적으로는 기독교의 정신적 그릇의 역할신문명, 애국이 쇠퇴하고 복음전도에 치중되면서 교회의 양적 성장에만 치중하고 사회, 정치 참여나 사회구조적 질서 회복에 무관심을 낳았다. 그리고 외부적으로는 한경직을 대체할 만한 지도적 인물이 부재하였다. (3) 민족통합기능 약화이다. 한경직의 반공주의는 종교적 해석을 더하여 남북의 이질성을 강화시켰고, 대북선교정책이 냉전체제에 입각한 배타적 성격이 강하였다. 또한 개신교를 중심으로 국가를 통합시키려 하였기에 타 종교에 대한 인식도 매우 배타적이다.

이러한 평가들에 기초하여 기독교적 건국론의 한계점을 보충적으로 고찰하려고 한다. 먼저 한경직의 성경 해석, 신론에 대한 비판이 필요하다. 결국 한경직은 성경을 해석하고 설교하는 목사이다. 즉, 성경을 이해하는 그의 신학적 판단이 반공주의와 정치적 중

---

70. 위의 책, 249-273쪽.

립의 모순이 저변에 깔려있기 때문이다. 본 장에서는 장로교의 신앙고백서인 〈웨스트민스터 신앙고백서〉와 성경 주해를 바탕으로 기독교적 건국론의 한계점들을 살펴보고자 한다. 그 내용은 다음과 같다. (1) 민족주의에 기초한 성경 해석과 성례의 약화, (2) 철학적 신론과 삼위일체론의 약화, (3) 이념적 양극화와 우파 테러리즘, (4) 신학의 비판적 역할 상실이다.

1) 민족주의에 기초한 성경 해석과 성례의 약화

한경직의 가나안 모티프를 통해 알 수 있는 것은 그가 성경 본문을 해석하는 전제로 '민족적 운명'이라는 관점을 가지고 있다는 것이다. 모세오경에 기록된 이스라엘의 이집트 압제 상황과 한민족의 일제강점기 현실의 유사성은 일련의 가나안 이야기narrative를 민족주의적으로 해석하는 연결고리가 된다. 물론 두 민족 사이에 유사성이 전혀 없는 것은 아니다. 이집트의 이스라엘 지배나 일본 제국주의의 한민족 지배는 모두 보편적으로 타락한 인간의 악한 본성을 반영한다. 그러나 한경직의 민족주의적 해석의 결정적 약점은 구약에서 묘사된 이스라엘의 특수성을 간과한다는 사실이다.

이집트로부터 해방되어 광야를 지나 가나안 땅으로 이동하는 이스라엘은 민족적인 공동체이다. 하지만 더 근원적으로 보면 이스라엘은 언약이라는 개념 아래서 형성된 특별한 공동체이다. 즉, 이스라엘은 혈육을 바탕으로 한 민족혹은 국가으로 확대되기 이전에 이미 언약에 근거한 공동체로 부름 받았다. 여호와께서 이스라엘의 조상이 되는 아브라함과 언약을 맺으실 때 아브라함뿐만 아니라 "네 후손의 하나님"이 되겠다고 약속하셨다창17:7-8. 이 언약 안에는 혈통적 이스라엘뿐만 아니라 이방인들도 참여한다창17:12-14. 언약의 필요성에 대해서 우리의 고백서는 다음과 같이 설명한다.

> 하나님과 피조물 사이의 간격이 너무나 크기 때문에, 이성적 피조물은 창조주인 그분에게 순종해야 함에도 불구하고, 하나님께서 어떤 방식으로든 자발적으로 눈높이를 낮추지 않고는 하나님을 그들의 복락과 상급으로 향유할 수 없었다. 하나님께서는 이것을 언약covenant이라는 방식으로 기꺼이 표현하셨다.
> _〈웨스트민스터 신앙고백서〉(이하 〈고백서〉), 7장 1항[71]

이러한 언약의 특수성은 신약시대에 이르러 예수 그리스도라는 인물에게 정초된다. 구약시대 이스라엘이라는 민족적 특성은 점점 사라진다. 그리스도는 새로운 이스라엘로 묘사되며, 옛 언약을 대체하는 중심점이 된다. 그리스도의 사역고난과 부활에 기초하여 신약시대 교회에서는 설교, 세례, 그리고 성찬 집례가 언약을 갱신하는 방편으로 자리 잡는다. 〈웨스트민스터 신앙고백서〉는 이러한 교회사적 전통을 반영하여 성례를 강조한다.

---

71. 대한예수교장로회총회(고신), 위의 책, 49쪽.

실체이신 그리스도께서 나타나신 복음 시대에는 말씀의 설교, 그리고 세례와 성찬인 성례 집례가 이 언약을 배포配布하는 규례이다. 이 규례들은 수효가 상대적으로 적고 보다 단순하고 외적 영광이 덜한 방식으로 시행되지만, 그 안에서 언약은 유대인이든 이방인이든 모든 민족에게 보다 풍성하며 증거가 분명하고 영적으로도 효과적으로 제시되니, 곧 신약이라 부른다. 그러므로 실체가 다른 두 은혜언약이 아니라, 배포만 다른 동일한 하나의 언약만이 있다._<고백서> 7장 6항[72]

그리스도께서 제정하신 세례와 성찬에 참여하는 일은 이 땅에서 하나님 나라를 경험하는 일종의 상징적 행동sign-act이다. 이 예식들에서는 다양한 구약적 사건의 이미지들이 등장한다. 이는 신약으로 연결되는 하나님의 구원역사를 풍성하게 보여주는 역할을 한다. 고대교회 교부 중 한 사람인 터툴리안Tertullian의 『세례에 관하여 On Baptism』를 살펴보면, 주교가 새롭게 세례받은 이들에게 우유와 꿀을 섞어서 주었다고 한다.[73] '젖과 꿀'이라는 요소는 하나님께서 언약백성인 이스라엘에게 약속하신 땅, 곧 가나안을 상징한다출3:8. 가나안 자체가 비옥하다기보다는 여호와께서 함께 하시기 때문에 풍요로운 땅으로 묘사된다. 고대교회에서는 가나안으로 입성하는 구약적 행동을 이제 그리스도와 그가 제정하신 세례에서 이해했다는

---

72. 위의 책, 50쪽.
73. James F. White, *Introduction to Christian Worship* (Abingdon Press, 2001), 208쪽.

점을 보여준다. 그러므로 주교가 세례받은 이에게 젖과 꿀을 주는 상징행동을 통해 세례예비자candidates는 하나님 나라에 진입하였음을 체험한다. 이렇게 새롭게 세례받은 이들은 비로소 하나님 나라 백성의 식사교제인 성찬에 참여하게 된다. 교인들은 지속적으로 성찬에 참여하면서 그리스도로 채워진다. 그리고 그리스도로 채워진 이들이 교회 밖인 세상으로 나아가 빛과 소금의 역할을 감당한다. 이러한 세례와 성찬의 경험은 참여하는 이들에게 성경 본문을 해석하는 하나의 틀을 제공하는 순환적 기능을 한다. 그러나 한경직 자신도 목사가 되기 전 장로교 교인으로 있을 때 이러한 전통을 선교사들을 통해 전수받지 못하였다. 그의 예배 경험에서 이미 세례와 성찬을 통해 하나님 나라를 이해함이 실천적으로 결여되어 있다.

결국 구약 이스라엘의 민족적 특성을 오늘날 한민족과 직접적 연속선상에서 이해하는 성경 해석은 '언약적 이해가 다소 부족한 신명기 이해', 더 나아가서 신약적으로 말하자면 '그리스도적 해석이 결여된 신명기 이해'라고 볼 수 있다.[74] 한경직은 하나님 나라의 실현을 기독교적 정신에 의해 새로운 나라가 세워지고 영미 기독

---

74. 이혜정, 위의 책, 130-33쪽. 이혜정은 한경직의 이러한 민족적 복음 이해를 '신명기 신학'(혹은 신명기적 해석)이라고 부른다. 신명기 저자가 종교적 신앙과 민족 번영의 관계를 강조하려는 의도(이스라엘이 그 관계를 보여줌)를 한경직이 그대로 고수한다는 의미이다. 그러나 '신명기적'이라는 용어를 사용하기에는 약간의 어려움이 있다. 신명기적이라고 할 때 여러 가지 의미가 가능하기 때문이다. 신명기적(deuteronomistic)이라고 말할 때 다양한 관점들이 존재한다. 예를 들면 언약적 특성, 하나님의 이름 신학, 이스라엘의 통치 체제로서 헌정주의, 하나님의 권위 있는 말씀으로서 설교, 십계명 해설 등이 있다. 그러므로 조금 더 구체적인 표현을 사용할 필요가 있다.

교 국가들로 대표되는 신문명으로 문명화되며 궁극적으로는 전 국민이 복음화되는 비전으로 이해했다. 그러나 운명공동체로서 교회와 민족의 모호한 경계 설정은 언약의 특수성을 약화시키기 쉽다. 애초에 한국교회 예배 전통에서 언약을 배포하는 규례인 세례와 성찬의 자리가 약했기 때문에 그 여파로 오늘날에도 개신교 예배에서 세례와 성찬의 풍성한 실행이 전통으로 뿌리내리지 못하였다.

2) 대중화된 철학적 신론의 흔적과 삼위일체론의 약화

한경직의 신론은 적어도 회중 설교에서 공교회적인 신앙고백을 충실히 반영하기보다 철학적 신학의 특징을 보인다. 그의 하나님 이해는 존재론적 일원론의 특징이 강하다. 하나님은 모든 존재물의 위에 있는 존재 그 자체이시다. 이러한 방식의 논증은 고대 그리스의 철학자 플라톤의 철학적 신학θεολογία 방법으로 거슬러 올라간다. 그의 신학 방법은 서양 철학과 서양적 사고방식에 기틀을 놓았을 뿐 아니라 이후 기독교 신학의 역사에도 큰 영향을 미치는데, 예를 들면, 플로티노스Πλωτῖνος의 유출과 일자—者, τὸ ἕν를 향한 회귀, 혹은 안셀무스Anselmus Cantuariensis를 시작으로 하는 중세 서방 기독교서방교회의 신존재증명 등이 그러하다.

플라톤의 신학은 그리스의 신론, 즉 당대 대중들이 신뢰하던 신화적 신론에 대한 비판이 배경에 깔려있다. 시인들이 말하는 신들의 모습은 신의 형상에 합당하지 않다. 왜냐하면 신화의 신들은 인간의 형상인간의 악한 욕망을 모방하고 있으며, 사람들은 자신들의 악한 욕망을 정당화시키는 수단으로 신을 이용하기 때문이다. 이에 대항하여 플라톤이 구축한 신론은 인간적 개입이 완전히 배제된 일원론적 존재이다. 그의 용어로 말하자면 '선의 이데아'이다.[75] 이렇게 플라톤은 그리스 신화의 다신론polytheism적 사고에서 철학적 단일신론monotheism으로 전환하는 전통을 이루었다. 물론 단일신론은 그 자체가 목적이 아니라 정의도덕적인 완전함를 척도로 하여 이상적인 학생 교육을 실현하고 궁극적으로 폴리스 통치를 제시하기 위함이었다. 플라톤은 신화적 신관이 가지고 있는 약점을 잘 지적했지만, 그의 단일신론에서도 역시 인간이 신의 성품을 규정한다는 비판점을 가지고 있다. 플라톤의 신론이 그의 철학 체계에서 핵심을 차지하지만, 그는 현실 세계에 관심이 없는 천상의 신학자는 아니었다. 그의 관심은 폴리스라는 도시 공동체의 올바른 운영에 있었다. 그의 신론은 도덕적 신론이며, 그는 엄격한 도덕주의자였다. 그러나 변하지 않는 존재인 이데아, 이데아를 관찰하는 영혼이성, 정신, 욕망, 육체와 영혼의 이원론과 영혼의 불멸성, 선의 이데아를 향한 영혼의 여행, 도덕적 완전함 등의 개념은 이후 서양인들의 사고에 깊숙이 뿌

---

75. 변화와 불변의 문제는 선대 철학자들의 고민이었으며, 플라톤에게도 중요한 문제였다. 플라톤은 참되고 불변하는 존재인 이데아(ἰδέα)라는 개념을 생각해 낸다. 모든 변화하는 사물에 본질과 존재를 부여하는 것이 바로 이데아이다. 예를 들면 어떤 아름다운 대상을 보면서 '이것은 아름답다'라고 말할 수 있는 이유는 '아름다움 자체'라는 척도가 있기 때문이라는 것이다. 어떤 것은 더 아름답고 어떤 것은 덜 아름답고를 판단하려면 척도를 전제할 수밖에 없다. 플라톤이 사물과 이데아의 관계를 설명하기 위해 사용하는 용어는 분유(分有, μέθεξις, 메텍시스)이다. 개별적인 사물은 아름다움이라는 이데아로부터 아름다움의 성질을 부분적으로 나누어 가진다. 클라우스 헬트(이강서 역), 『지중해 철학기행』(효형출판, 2015), 134-142쪽.

리내렸고, 기독교 역사에서 기독교 신학과 유사한 사유로 이해되고 수용되기도 하였다.

한경직이 신존재증명에서 사용하는 관념의 유비, 종교성혹은 도덕성의 최상위 존재자인 하나님 개념, 그리고 영혼과 이성을 통한 존재 증명 등은 일종의 기독교적 언어로 바뀐 대중화된 플라톤 철학의 흔적들이라고 할 수 있다. 설교전집에 실린 그의 설교들에서 단일한 표현인 '하나님'이라는 용어는 단연 빈도수에서 다른 용어들보다 월등히 높다23,700회. 예수와 성령이라는 용어도 사용하지만, 하나님을 '아버지 하나님'성부, God the Father으로 부르거나 예수님을 '아들 하나님'성자, God the Son으로 부르는 표현, 즉 관계적 표현들은 상당히 빈약하다. 물론 이종성의 지적처럼, 한경직이 삼위일체론을 믿지 않거나 경시하는 것은 결코 아니다.[76] 그러나 표면적으로는 삼위일체론을 신앙고백으로 인정하면서도 실제 설교에서는 하나님을 성부, 성자, 성령을 부르는 실천이 상당히 약하다는 점에서 이중적인 모습이 있다고 평가할 수 있다.

한경직은 보편성에서 시작하여 유신론을 입증하려다 보니 다음과 같은 오류들이 그의 글에서 발견된다. (1) 그는 창조에 근거해서 하나님을 모든 인류의 아버지로 부르기도 한다.[77] 만약 하나님께서 만물의 창조주이시면 모든 인류가 그의 자녀라는 것이다. (2) 그

---

76. 이종성, 「한경직 목사의 신학」, 『한경직 목사 탄신 100주년 기념 행사 자료집』(한경직목사기념사업회, 2008), 115, 119-120쪽. 이종성은 한경직의 신론을 기술하면서 그의 설교, 강연, 그리고 소책자 안에는 삼위일체 하나님에 대해서 거의 언급하지 않는다고 서술한다.
77. 한경직, 「인간 생활의 연대성」, 『한경직목사설교전집』 제2권, 166-167쪽.

는 우리 민족이 기독교 복음을 전수받기 전부터 하나님을 믿었다고 말하기도 한다.[78] 이미 민족성 안에 하나님을 인정할 수밖에 없는 종교적 가능성을 가지고 있었다는 말이다. 이와 유사한 논증 방식으로 '순천자존 역천자망順天者存 逆天者亡', 즉 '하늘을 따르는 자는 살고 하늘을 거역하는 자는 망한다'는 동양고전의 표현을 인용하기도 한다.[79] (3) 그는 특정 성경 본문을 유신론과 무신론의 구도를 투영하여 읽기도 한다. 대표적으로 시편 14편 1절이 있다. 그는 "어리석은 자는 그 마음에 이르기를 하나님이 없다 하도다"라는 표현에서 시인이 무신론의 어리석음을 비판한다고 본다.[80]

종합해 보면, 이와 같은 유신론 입증은 다음과 같은 문제점들이 있다. (1) 성경을 통해 자신을 계시하신 하나님과 일반 단일신론이 구별되지 않는다. 여기서 기독론, 즉 예수 그리스도의 자리가 상당히 모호해진다. 그리스도 없이도 하나님을 말할 수 있는 가능성을

---

78. 한경직, 『기독교란 무엇인가?』, 46-47쪽.
79. 위의 책 110쪽. 이 구절의 출전은 맹자(孟子, 기원전 372-289)의 이루 상(離婁上) 제7장이며, 명심보감(明心寶鑑) 천명(天命)편에도 실려 있다. 명심보감(일종의 금언 모음집)만 보면 이 구절의 맥락을 읽을 수 없기에 하늘의 뜻을 따라야 한다는 '숙명론'으로 자주 오용된다. 그러나 맹자의 책을 읽어 보면 이 구절의 구체적 의미는 당시(전국시대, 戰國時代) 제후들에게 힘의 논리로 나라를 통치하지 말고, 덕으로 천하를 다스려야 한다는 정치적 권고이다. 맹자의 기본사상은 덕(德)을 근간으로 하는 왕도정치이다. 왕도정치를 주장하기 위한 근거로써 하늘(天 혹은 天命)이라는 절대적 개념이 요청된다. 그러므로 맹자에게 대략 하늘은 올바른 법칙, 절대적 진리 등의 의미를 갖는다. 이혜경, 「맹자」, 철학사상 별책 제3권 제2호.(서울대학교 철학사상연구소, 2004), 51쪽.
80. 시편 14편의 "하나님이 없다"라는 표현을 존재론적 무신론의 표현으로 보는 것은 그리스적 사고방식으로 히브리인의 표현을 읽는 오류이다. 시인은 유신론을 당연하게 전제하는 이스라엘 공동체 안에 있다. 여기서 시인이 비판하는 것은 하나님이 아무런 활동도 하지 않는다고 여기고 오만하게 행동하는 자들의 실천론적 무신론이다. 토를라이프 보만(Thorleif Boman)의 연구는 존재를 의미하는 히브리어 동사 하야(הָיָה)의 동적인 성격을 잘 보여준다. 토를라이프 보만(허혁 역), 『히브리적 사유와 그리스적 사유의 비교』(분도출판사, 1975), 47쪽.

인정하는 것이다. 이는 곧 공교회의 신학적 유산인 삼위일체론 전통의 약화를 야기할 수 있다. 이와 관련하여 인간론에 있어서, (2) 인간을 죄인으로 규정하는 성경의 핵심적 증언이 약화된다. 반면에 인간 안에 본성적으로 존재하는 하나님을 인식하는 가능성 종교성, 혹은 이성을 강조하기 쉽다. 그렇다면 우리의 유일한 중보자이신 그리스도에 대한 강조가 약해지고 도덕적 종교 도덕적 당위성의 성격은 강화된다.[81]

장로교의 신조인 웨스트민스터 신앙고백서에서 하나님에 대한 고백은 성부, 성자, 성령, 곧 삼위일체적이다. 우리는 무한자이신 혹은 존재이신 하나님을 부를 수 없다. 왜냐하면 인간은 하나님과 직접적으로 혹은 존재론적으로 동등한 입장에서 교제할 수 없기 때문이다. 인간이 영혼의 탁월함을 발휘하여 선의 이데아를 통찰 플라톤에게는 철학자 하더라도 그렇게 할 수 없다. 우리 장로교의 선배들은 인간이 본질적으로 하나님과 직접 교제할 수 없음을 신앙고백서에서 분명히 명시했다. 하나님의 편에서 교제할 수 있는 방편 언약을 만들어주시지 않으면 인간의 편에서 하나님을 찾을 수 있는 방법은 없다. 동시에 인간에 대한 가장 본질적인 규정은 인간이 죄인이라는 사실이다. 여기서부터 하나님과 피조물 사이에는 초월적인 간극이 있다.

---

81. 정성구, 위의 책, 209쪽.

> 사람은 원래의 부패로 말미암아 모든 선을 전적으로 싫어하고, 그것을 행할 수 없으며 거역하고 전적으로 모든 악에 기울어지며, 이 원래의 부패로부터 모든 자범죄가 나온다. <고백서> 6장 4항[82]

> 사람은 원래의 부패로 말미암아 모든 선을 전적으로 싫어하고, 그것을 행할 수 없으며 거역하고 전적으로 모든 악에 기울어지며, 이 원래의 부패로부터 모든 자범죄가 나온다. <고백서> 6장 4항[83]

구약성경에서 직접적으로 하나님과 관련된 모습을 보거나 음성을 듣는 경우 즉시 두려움에 사로잡히는 것을 알 수 있다출20:18-19. 또한 구약성경에서 어떤 인물도 개인적으로 하나님을 아버지라고 부르는 경우를 발견할 수 없다. 그러나 신약성경에서 유일하게 개인적으로 하나님을 아버지라고 부르는 인물이 등장한다. 바로 예수님만 하나님을 아버지라고 부르며 하나님께로부터 사랑하는 아들이라고 불린다.[84] 그러므로 우리는 언약이라는 특수한 관계 안에서만 하나님을 부를 수 있다. 중보자고백서 8장 2항이신 예수님의 아버지를 '우리 아버지'마6:9라고 부를 수 있다. 즉, 우리는 아들에게 참여

---

82. 대한예수교장로회총회(고신), 48쪽.
83. 위의 책, 48쪽.
84. 신약성경 서신서에서 화자가 청중(교인)을 부르는 표현 중에 '사랑하는 자'(ἀγαπητός, 아가페토스, 요일2:7)라는 용어가 있다. 그러나 서신서의 용례 이전에 이 단어는 복음서에서 오직 예수님께만 사용된다. 예수님의 공생애 시작에서 세례를 받으실 때 아버지께서 "나의 사랑하는 아들"로 부르셨다(마3:17; 막1:11; 눅3:22). 변화산에서도 예수님은 동일한 표현으로 불리셨다(마17:5; 막9:7). 설교자가 청중을 향해 '사랑하는 자들아!'라고 부르는 것은 복음서의 1차적 용례에 기초한 2차적 표현이다.

함으로 하나님을 아버지로 부를 수 있다. 성부, 성자, 성령혹은 삼위일체이라는 표현은 이러한 구속사적 관계를 바탕으로 하는 용어이다.

> 신격의 일체로 한 실체와 능력과 영원의 삼위가 계시니, 곧 성부 하나님, 성자 하나님, 성령 하나님이시다. 성부께서는 태어나지도 않고 나오지도 않으시며, 성자께서는 성부로부터 영원토록 태어나시고, 성령께서는 성부와 성자로부터 영원토록 나오신다. _<고백서> 2장 3항[85]

삼위일체 즉 성부, 성자, 성령이라는 표현은 성경적 교리이며 우리가 믿는 바의 요약이다. 교회사적으로 볼 때, 공교회적 신조로 불리는 사도신경, 니케아신경, 아타나시우스신경 모두 삼위일체 하나님에 대한 고백을 담고 있으며, 〈웨스트민스터 신앙고백서〉의 신론은 이러한 공교회적 전통을 따르고 있다.

3) 이념적 양극화와 우파 테러리즘

한경직의 민족주의적 성경 본문 해석, 신존재증명적 신론은 자연스럽게 해방 이후 자유주의 진영과 공산주의 진영의 대립을 '종교적'으로 이해하도록 이끌었다. 그는 공산주의와의 싸움을 '선과 악의 구도'로 보고 반드시 승리해야 한다는 종교적 사명을 강조하

---

85. 대한예수교장로회총회(고신), 42쪽.

였다. 이러한 설교를 통해 배출된 하나의 결과가 영락 청년회와 대학생회의 서북청년회 활동 가담, 즉 우파 테러리즘 활동이다. 한경직의 신학사상을 평가하는 하나의 단면으로서 영락교회 청년회의 행동을 고찰할 필요가 있다. 설교는 청중의 사고와 행동을 변화시키는 변혁적 역할을 한다. 그렇다면 설교를 들은 교인의 삶은 곧 설교의 결과물이라고 할 수 있다. 그는 서북청년단영락교회 청년들이 참여했던과 제주 4·3 사건에 대해 다음과 같이 회상한다.

> 그때 공산당이 많아서 지방도 혼란하지 않았갔시오. 그때 '서북청년회'라고 우리 영락교회 청년들이 중심되어 조직을 했시오. 그 청년들이 제주도 반란사건을 평정하기도 하고 그랬시오. 그러니까 우리 영락교회 청년들이 미움도 많이 사게 됐지요.[86]

과연 그리스도의 구속사역으로 세워진 공동체가 특정 정치적 목적을 위해 테러리즘과 민간인 학살을 정당화시킬 수 있는지 질문해 보아야 한다. 존 메릴John Meril은 제주 4·3 사건으로 인해 당시 제주도 인구의 약 10분의 1약 3만 명이 희생당했다고 추정한다.[87] 반공주의가 애국혹은 절대적 선이라는 명목 아래 실제 이념과 관련 없는 수많은 민간인이 학살당하였다. 이는 욕을 당하시되 맞대어 욕하지 아니하신 그리스도의 고난벧전2:23과 정면으로 배치되는 폭력의 논

---

86. 김병희 편, 『한경직 목사』(규장문화사, 1982), 55-56쪽.
87. John Merrill, "The Cheju-do Rebellion," *The Journal of Korean Studies* 2(1980), 194-195.

리라고 평가할 수밖에 없다. 월남 피난민들, 전쟁 실향민들에게 단결과 희망을 주었던 한경직의 설교는, 한편으로 선택된 공동체 바깥으로 배제된 이들에게는 무한한 폭력 가능성을 내포하고 있다. 즉, 이념과 종교가 인간에 대한 폭력과 살인을 용인하는 정당성을 부여한다.

해방 공간을 거쳐 남한 사회에서는 공산주의자를 색출한다는 식의 이념 검열이 모든 다른 가치를 앞서는 만능열쇠가 되어버렸다. 70-80년대 민주 인사들을 탄압하기도 하고 정치적 정적을 제거하기 위한 목적으로 사용된 이념 검열에 우파 개신교가 한배를 타기도 하고 최소한 묵인하기도 하였다. 최근 계엄과 내란 정국에서 민간인이 헌법기관을 공격하는 폭동도 있었다. 윤석열 구속영장이 발부되었던 당시 2025년 1월 19일 일부 지지자들이 서울서부지방법원에 무단침입하여 경찰의 공무집행을 방해하고 기물들을 파손하는 등 폭력적인 시위를 감행했다. 이 사건의 피고인들 중 법원 출입문 셔터를 망가뜨렸던 사랑제일교회 특임전도사 윤 아무개 씨에게 검찰은 징역 4년을 구형했다. 그는 폭동 직전에 자신의 유튜브 채널 영상에서 "(서부지법) 정문 안쪽으로 붙어 달라. 바로 돌진해 버리자. 빨갱이 잡으러 직접 침투한다"라고 말했다.[88] 이처럼 특정 이념을 지키기 위해 기꺼이 물리적 폭력을 감행하는 모습은 오늘날에도 여전히 살아있다.

---

88. 정봉비, 〈'서부지법 난동' 전광훈 교회 특임전도사 징역 4년 구형〉, 한겨레, 2025년 7월 4일 기사, https://www.hani.co.kr/arti/society/society_general/1206537.html(2025년 7월 7일 검색).

4) 신학의 비판적 역할 상실

한경직은 복음을 전하는 데 방해받지 않기 위해서 정치적 사안에 대해 중립을 지킨다는 것을 자신의 원칙으로 생각했다. 그러나 이혜정이 지적한 것처럼 한경직의 이러한 입장은 일관성을 갖지 못했다. 기독교계에 이익이 되는 사안특히 복음화운동과 관련하여에 대해서는 친정부적 입장을 취하였고, 그렇지 않은 사안에 대해서는 정치적 중립을 지킨다는 명분으로 사회적 정치적 문제에 있어 방관하는 자세를 취하였다. 해방 공간에서부터 기독교계는 다른 종교와 비교했을 때 미군정으로부터 가장 많은 적산 가옥[89]을 받았고, 한국전쟁 당시 군종제도[90]를 통해 군선교라는 전도의 거대한 장場을 보장받았기 때문에 정부의 부정不正에 대해 비판적 자세를 취하기 어려웠을 것이다.

이러한 기조는 70-80년대 군사정권에서도 지속되었다. 한경직은 군부가 정치적 중립을 어기고 불법적으로 정치에 개입하였던 두 번의 군사쿠데타에 대해 소극적인 반응 혹은 지지를 표명함으로 사실상 정교분리의 원칙에 철저하지 못했다. 박정희는 5·16 군사쿠데타로 정권을 잡고 나서 군사혁명위원회를 조직한다. 다음은

---

89. 개신교 안에서도 성결교와 감리교보다 장로교가 받은 적산 가옥 수가 월등히 많다. 강인철, 『종속과 자율: 대한민국의 형성과 종교정치』(한신대학교출판부, 2013), 210쪽.
90. 군종제도추진위원회(1950년 9월 18일 조직)는 개신교 교단과 천주교가 연합하여 구성되었다. 개신교에서는 장로교의 한경직과 감리교의 유형기 목사가 대표로 선출되었다. 1950년 9월 19일 3인의 대표는 이승만 대통령을 찾아가 한국전쟁이 사상전이기 때문에 사상 계몽을 위해 군목 제도가 필요함을 주장했다. 강인철, 위의 책, 118쪽.

이에 대하여 영락교회 청년면려회가 입장을 밝힌 글이다.

> 반공 민주 건설을 구호로 하여 폭발한 5·16국군 혁명은 부패와 절망으로 빈사의 위기에 처했던 이 민족, 국가 위에 새로운 소망의 운명을 가져다주었다. '민주적 절차'를 밟은 것은 아니었지만, 가능한 유일한 길로서 이 군사 혁명은 부패한 정권과 국회를 이양, 해산시키고, 이어 이 나라 방방곡곡에 민족의 새로운 혁명과 재건을 과감하게 수행하고 있다. 지나간 십수년간에 쌓이고 쌓인 부패의 먼지를 단지 10여 일 동안 깨끗이 털어지고, 지금 이 나라의 도시와 농촌은 불사조의 기적처럼 민족의 거대한 새 운명을 향해 재건의 총진전을 모험하고 있다. 여기에서 우리는 이 나라의 젊은 애국적 혁명군에게 최대의 경의를 표하며 그 하는 혁명 요청에 적극 참여할 것을 성명하는 바이다.[91]

인용문을 보면 먼저 쿠데타세력의 행동이 '민주적 절차'가 아니었다는 점을 인정한다. 그러나 불법적으로 정권을 장악한 것보다 민족의 혁명과 재건이라는 군부의 의도를 더 높게 평가한다. 여기서 '민족'과 '국가'라는 명분이 민주적 질서나 국가의 구성원의 인권

---

91. 양현혜, 『근대 한·일 관계사 속의 기독교』(이화여자대학교출판부, 2015), 436쪽에서 재인용. 1961년 5월 16일 박정희는 군대(육사 5기, 육사 8기, 해병대)를 동원해 쿠데타를 일으킨 후 비상계엄령을 선포하고 군사혁명위원회를 구성했다. 이들은 5월 23일 반공을 국시로 하는 미국 등 우방과의 유대 강화를 비롯한 6개 항목의 혁명 공약을 내걸고 혁명의 목적을 이루고 난 후 민정 이양하고 군으로 돌아가겠다는 발표를 한다. 위에 인용한 글은 이러한 군사 쿠데타에 대해 영락교회 장년면려회가《면려》1961년 6월 1일자 사설을 통해 발표한 내용이다.

침해보다 더 우선시되고 있다. 따라서 군인들이 정치에 불법적으로 개입하고 민간인들을 학살한 사건을 국군 혁명이라고 포장하고 있다. 영락교회의 이러한 입장에 대해 당시 내각 수반인 장도영 육군 중장은 다음과 같이 화답했다.

> 전국민의 적극적인 협조로서 진정한 민주 국가 건설을 지향하는 혁명 대열의 힘찬 전진이 시작된 현하, 하나님의 뜻을 이 땅에 이룩하고자 그리스도의 사상의 정신으로 사회 발전에 이바지하는 영락 교회 교우 여러분과 특히 힘찬 십자군의 전위인 면려 청년 동지 여러분에게 충심으로 경의를 표하는 바입니다. 지금까지 누적된 구악을 일소하고 적의 간접 침략을 분쇄하기 위해 발기한 국군장병의 신호로 전국민이 이에 열렬히 호응한 국가재건 사업에 착수한 오늘, 앞으로 우리의 앞에 당면하고 있는 모든 과업의 진행은 실로 허다한 난관과 애로가 수반된다는 것을 명감하지 않을 수 없습니다. 조국의 장래를 염려하고 민족의 앞날을 걱정하는 애국 동포들은 혁명과업의 성공 여부는 곧 우리가 참된 자유와 행복을 향유할 수 있느냐, 그렇지 않으면 포악무도한 공산주의의 독아에 신음하게 되느냐 하는 중대 문제에 직결된다는 것을 잊어서는 안 될 것입니다…. 이 영원히 사는 길을 아는 면려청년동지 여러분은 이번 혁명 정신과 직결되는 그리스도의 숭고한 정신을 받들어 이 나라를 영원한 낙원으로 만들 복지 사회 건설에 더욱 봉사하는 선봉대가 되어질 것으로 압니다.[92]

---

92. 최종고, 『영락교회의 부흥』(한국문학사, 1974), 113쪽; 양현혜, 위의 책, 436쪽에서 재인용.

'민정이양선서'를 번복하고 대통령 선거에 출마한 박정희는 1963년 10월 15일에 제5대 대통령이 되었다. 그리고 그는 1969년 대통령의 3선 연임을 허용하는 개헌안을 추진하여 장기집권을 준비하였다. 반면에 1970년 5월 1일에 한경직은 조선호텔에서 열린 제3회 국가조찬기도회에 참석하여 "나라를 위해 무거운 짐을 진 박 대통령과 우리 온 국민에게 지혜와 용기와 은총이 더하여 이 나라의 발전과 우리 겨레의 번영이 끊임없이 이룩되어 갈 것을 기원"하는 기도를 했다.[93]

김재규의 총탄에 의해 박정희 정권이 끝나고 나서 다시 군인인 전두환이 박정희를 그대로 모방하여 12·12쿠데타를 일으켰다. 한경직은 당대 민주화를 요구하는 많은 이들의 기대와는 다르게 박정희의 권력을 인정했던 것처럼 종교적 용어를 사용하여 전두환의 즉위에 정당성을 부여하였다. 그는 1980년 8월 6일 서울 롯데호텔에서 열린 국가조찬기도회에 참석하여 설교를 맡았고 함께 참석한 목사들과 전두환을 기독교적 용어로 축복하였다. 군부정권 시절 교회의 예언자적 비판이 부족하지 않았냐는 질문에 대해 "이스라엘과 오늘의 국가는 다르다"[94]라는 한경직의 해명은 왜 동일한 원리로 국가편향적인 발언과 행동에는 적용되지 않는지에 대해서 이중적인 잣대라는 평가를 피하기 어렵다.

---

93. 위의 인용문은 한국정책방송원이 운영하는 디지털아카이브 'e영상역사관'에서 제공하는 영상자료에서 참조하였다. 출처는 1970년 5월 9일에 제작된 대한뉴스 제775호 영상자료이다. http://www.ehistory.go.kr/page/view/movie.jsp?srcgbn=KV&mediaid=1010&mediadtl=6205&gbn=DH.
94. 이만열, 위의 책, 159쪽.

결국 이러한 양상은 한경직의 정교분리 원칙이 선택적이며 가변적이라는 점을 보여준다. 특히 군사정부 시절에는 종교가 불의한 권력에 정당성을 부여하는 데 이용당하였다는 비판을 피하기 어렵다. 영락교회의 이러한 정치 입장은 정치적 세력에 의해 얼마든지 종교가 이용당할 수 있는 가능성을 보여주는 사례라고 할 수 있다.

5. 결론

1) 폭력에 대한 저항과 양적 성장

한경직은 어려서부터 선교사들과 민족주의자들을 통해 기독교를 접하고 기독교 문화 안에서 자랐다. 그는 신학교육을 받은 후 일평생 성경을 회중에게 설교하는 목사로 살았으며, 동시에 한국 근현대사의 격변하는 다양한 시대 속에서 사회 지도자로서 역할을 감당했다. 일제강점기 일본식 오리엔탈리즘에 의해 타자화 당하는 경험 속에서 한편으로는 선교사들의 복음주의 신앙에 의해 민족구원의 열정을 가졌고, 다른 한편으로는 민족주의자들에 의해 애국정신으로 국가를 위해 헌신하고자 다짐했다. 그러므로 한경직의 설교는 복음적인 동시에 정치적이었다. 그는 나라 잃은 민족적 아픔을 신앙으로 위로하는 동시에 제국주의에 항거하는 정신을 회중에게 심어주었다. 기독교의 저항정신이 설교를 통해 전달된 것이다.

해방으로 인해 한경직은 한반도에 기독교를 정신적 바탕으로

하는 새로운 국가를 세우고자 했고, 적극적으로 정당 활동에 참여하였다. 그러나 공산주의의 정치적 박해로 인해 월남해야 하는 경험을 하면서 기독교와 공산주의가 공존할 수 없다고 판단한 후 반공사상이 그의 설교에서 주된 주제가 되었다. 이러한 시대 인식은 공산주의를 피해 월남한 피난민 공동체를 복음으로 위로하는 목회를 가능케 했다. 반면에 공산주의자들, 혹은 공산주의와 관련 있다고 추정되는 모든 이에게는 엄격하게 대응했다. '우리'와 '너희'의 구분이 한 민족 안에 자리 잡게 되었다. 남한 단독정부가 수립되고 대통령이 선출되어 국가가 어느 정도 안정기에 접어든 이후 그의 모든 관심은 복음전도를 통한 민족복음화에 더욱 집중된다. 그는 한국 최초의 대형교회인 영락교회를 이끌었고, 더 나아가 70-80년대 복음화운동을 주도하면서 한국교회의 양적 성장이라는 큰 성과를 이끌었다.

2) 기독교 타자화

그러나 기독교를 지나치게 이원론적 사상전으로 만든 탓에 국가의 안보를 구실로 종교가 어용신학의 역할을 할 수 있는 가능성을 완전히 차단시키지는 못했다. 더불어 기독교 내부에서 반기독교 세력에 대한 적대감을 종교화한 나머지 이념적 성향과 관계없는 많은 사람이 희생당하는 비극적 사건을 초래한 책임을 면할 수 없다. 한경직은 안보 논리와 기독교에게 도움이 되는 정책에 있어서는 정치적이고 친정부적인 입장을 취하였지만, 군사정부가 행한 사회적 불의에 대해서는 정교분리 원칙을 내세워 침묵하였다. 그가 복음화운동을 통해 이끌어 낸 한국교회의 양적 성장 안에는 소유와 지배의 논리구조가 숨어있다. 역설적이게도 일본제국주의의 타자화 대상이 되었던 주체가 주도권을 잡은 후에는 이웃을 '타자화'시키는 악순환을 낳았다.

이러한 간극에는 장로교 신앙고백인 〈웨스트민스터 신앙고백서〉의 부재가 자리 잡고 있다. 언더우드, 모펫, 윌리엄 블레어W. N. Blair 등 초창기 장로교 선교사들은 뉴브런즈윅 신학교, 맥코믹 신학교와 같은 프린스턴 신학교의 구학파 전통을 따르는 학교에서 공부했다. 그들은 외형적으로 17세기에 형성된 〈웨스트민스터 신앙고백서〉를 표준문서로 받아들이는 전통에 속해 있었다. 그들은 성경의 고등비평을 반대하고 성경의 영감을 강조하는 근본주의자fundamentalist이면서, 다른 한편으로는 드와이트 무디D. L. Moody, 1862-1899 년의 부흥집회와 학생자발운동Student Volunteer Movement, SVM의 영향을 받아 부흥주의 정신으로 무장한 세대였다. 즉, 그들은 교파와 상관없이 곧 그리스도의 재림이 이루어질 것이라는 내세 지향적 천년설과 비기독교 세계를 한시라도 빨리 복음화해야 한다는 사명으로 각성한 부흥주의자였다.[95] 이와 같이 신조에는 무관심하고 재림의 긴박성과 영혼 구원의 열정을 강조하는 그들의 신학적 경향은 자

---

95. Byungohk Lee, *Listening to the Neighbor: From a Missional Perspective of the Other*, American Society of Missiology Monograph Series 24(Pickwick Publications, 2015), 18..

연스럽게 초기 한국장로교회에 이식되었다.[96]

한경직의 설교에서 드러나는 신론의 성격은 이러한 배경의 결과물이라고 볼 수 있다. 더불어 세례와 성찬을 풍성하게 경험하는 예배의 현장도 부재했다. 예배에서 하나님 나라의 모습을 상상하지 못했기에 이념을 주도하는 방식으로 기독교 국가를 형성하는 기독교적 건국론이 등장한 것이다. 그러므로 한경직의 해석학은 신대륙 청교도들의 국가를 동경하는 민족주의적 해석학으로 형성되었고, 그의 애국은 근대적 국가 형성이라는 목표에 고착되었다. 또한 그의 기독교 이해는 존재론적이고 정신으로 이해되었기에 공산주의 세력과 사상전에서 승리해야 하는 긴장을 늘 가지고 있었다. 안보와 전도를 통한 기독교 확장이라는 대의명분 아래에 민간인의 희생, 정치적 억압이라는 폭력성이 용인되기도 하였다. 그리스도의 몸인 교회 안에 그리스도와 정반대되는 힘의 논리가 자리 잡았다.

---

96. 한국장로교회 첫 독노회(1907년 9월 17일)는 인도연합장로교회가 사용하는 간략한 형식의 12신조를 신앙고백으로 채택하였다. 장로교 본래의 신앙고백을 견고히 세우고 교파 간 연합을 진행하는 순서가 아니라 처음부터 선교적 정책으로 간교파적(interdenominational) 입장이 전제되었다. 역설적이게도 시간이 흐름에 따라 한국장로교회는 세계에서 유래를 찾아보기 힘들 정도로 많은 교파로 갈라지게 되었다. 이후 대한예수교장로회 주요 교단들(고신교단, 통합교단, 합동교단)은 1960년대에 이르러서야 〈웨스트민스터신앙고백서〉를 교단의 신조로 채택하였다. 웨스트민스터 신조와 한국교회의 관계에 대한 분석은 다음을 참조하라. 유해무, 『유교수의 우리 신조 수업』(담북, 2019), 154-160쪽.

3) 종교성이 아닌 삼위일체 하나님

이를 통해서 오늘날 우리가 교훈으로 삼아야 할 것은, 이제 '종교화된 정치적 이념 검열'을 완전히 벗어버리는 동시에, 장로교적 신앙고백 공교회적 신앙고백을 중심으로 교회를 세워가야 한다는 점이다. 신앙고백의 핵심은 '삼위일체 하나님'이다. 교인들은 매 주일마다 예배의 자리에서 서약한다. "나는 성부 하나님을 믿습니다. 나는 성자 하나님을 믿습니다. 나는 성령 하나님을 믿습니다." 먼저는 하나님께 그리고 옆에 있는 형제, 자매에게 약속한다. 여러 입이지만 마치 하나의 입처럼 같은 말을 한다 ὁμο-λογία(호모-로기아), 같은 말. 만일 예배당 바깥에서 우리가 고백대로 살지 않을 때 세상으로부터 욕을 듣는다.

오늘날 교회를 향한 세상의 우려와 비난은 우리에게 부끄러움이다. 우리는 기독교적 건국론이 한국근현대사에 미친 긍정적인 영향력은 수용하되, 동시에 '성경적'이지 않고 힘의 논리가 숨어있는 '종교성'은 매섭게 비판하고 이제 깨끗하게 청산해야 한다. 광장은 교회가 아니다! 광장에 나가는 일은 시민으로서 개인의 양심에 속한 일이다. 목사는 종교적 권위로 교인들을 광장에 나가도록 선동하는 일과 이웃을 향한 폭력적인 발언을 할 수 없다. 또한 예배의 자리에서 정치 구호를 외치도록 선동하는 것은 설교가 아니다. 폭력의 피해자이셨지만 가해자가 되지 아니하신, 그리고 성부께 모든 일을 의탁하신 성자 예수님을 보고 배워야 한다 벧전2:23. 과격한 주장을 일삼는 극우주의가 한국교회를 과잉 대표하지 않도록 경계하고, 선한 행실로 이웃을 돕고 살리는 진정한 의미에서 강한 그리스도인, 한국교회가 되도록 소망하며 글을 마친다.

참고자료

〈도서〉

강인철, 『종속과 자율: 대한민국의 형성과 종교정치』, 한신대학교출판부, 2013.
김병희 편, 『한경직 목사』, 규장문화사, 1982.
김양선, 『한국기독교사연구』, 기독교문사, 1980.
_____, 『한국기독교 해방10년사』, 예장총회교육부, 1956.
대한예수교장로회총회(고신), 『헌법』, 총회출판국, 2011.
양현혜, 『근대 한·일 관계사 속의 기독교』, 이화여자대학교출판부, 2015.
영락교회, 『영락교회 50년사』, 영락교회, 1998.
유해무, 『유교수의 우리 신조 수업』, 담북, 2019.
이혜경, 『맹자』 철학사상 별책 제3권 제2호, 서울대학교 철학사상연구소, 2004.
_____, 『한경직의 기독교적 건국론』, 대한기독교서회, 2011.
클라우스 헬트 (이강서 역), 『지중해 철학기행』, 효형출판, 2015.
최종고, 『영락교회의 부흥』, 한국문학사, 1974.
한경직, 『기독교란 무엇인가?』, 한경직목사기념사업회, 2017.
_____, 『나의감사: 한경직 구술 자서전』, 두란노, 2010.
_____, 『한경직목사설교전집』 제1권, 한경직목사기념사업회, 2009.
_____, 『한경직목사설교전집』 제2권, 한경직목사기념사업회, 2009.
_____, 『한경직목사설교전집』 제9권, 한경직목사기념사업회, 2009.
_____, 『한경직목사설교전집』 제10권, 한경직목사기념사업회, 2009.
한국기독교사연구회, 『한국기독교의 역사 1』, 기독교문사, 1989.
Byungohk Lee, *Listening to the Neighbor: From a Missional Perspective of the Other*, American Society of Missiology Monograph Series 24, Pickwick Publications, 2015.
H. G. Underwood, *The Call of Korea*, Fleming H. Revell, 1908.

James F. White, *Introduction to Christian Worship*, Abingdon Press, 2001.

〈논문〉

김상태, 〈평안도 기독교 세력과 친미엘리트의 형성〉, 《역사비평》 제45호, 1989.
김정현, 〈오리엔탈리즘과 동아시아: 근대 동아시아의 '他者化'와 저항의 논리〉, 《중국사연구》 제39권, 2005.
박종현, 「한경직 목사의 기독교적 애국사상」, 『한경직 목사 11주기 추모자료집』, 2012.
이만열, 〈한경직 목사를 만남〉, 《한국기독교와 역사》 제1호, 1999.
이승준, 〈한경직 목사와 한국전쟁〉, 《한국기독교와 역사》 제15호, 2001.
이승환, 〈한국 및 동양에서 '사회진화론'의 수용과 기능〉, 《중국철학회》 제9권, 2002.
이종성, 「한경직 목사의 신학」, 『한경직 목사 탄신 100주년 기념 행사 자료집』, 2008.
정성구, 〈한경직론: 한경직의 설교를 논함〉, 《목회와 신학》 제37호, 1992.
허동현, 〈1880년대 開化派 인사들의 社會進化論 수용양태 비교 연구: 兪吉濬과 尹致昊를 중심으로〉, 《사총》 제55권, 2002.
John Merrill, "The Cheju-do Rebellion," *The Journal of Korean Studies* 2, 1980.

〈기타〉

박고은, 〈"우린 윤석열과 함께 싸우다 죽겠다"…점입가경 탄핵 반대 집회〉, 한겨레, 2025.
엄태빈, 〈세계로교회 예배에는 이재명만 있고 하나님은 없다〉, 뉴스앤조이, 2025.
정봉비, 〈'서부지법 난동' 전광훈 교회 특임전도사 징역 4년 구형〉, 한겨레, 2025.
국사편찬위원회 한국사데이터베이스, 〈基督教徒 其他 反國家的 言動〉, 《治安狀況》(昭和 12 年) 第26報~第43報.
https://www.ehistory.go.kr/view/movie?mediasrcgbn=KV&mediaid=1010&mediadtl=6205&mediagbn=DH.

4장
한국교회의 정치화 주범, 반공주의

안재경

한국전쟁과 공산주의로 인해 한국교회가 막대한 피해를 입었고, 대한민국이 없어질 위기를 겪었다. 이에 한국교회는 처음부터 정치적이었고, 반공의 기치로 인해 더 정치화의 길을 걸었다. 초기의 체험적 반공주의는 논외로 쳐야 하겠지만, 한국교회가 지금까지 반공주의에 함몰된 것은 시대착오적이다. 이 반공주의는 우리 정치와 사회를 심히 왜곡시키고, 복음을 오해하게 만든다. 반공주의를 극복하지 않고서는 하나님의 이름이 계속적으로 모독을 당할 것이고, 교회의 쇠퇴를 앞당길 것이다.

정치에 빠진 교회

2024년 12월 3일, 대통령이 비상계엄을 선포하면서 주된 이유로 호소한 것이 반공주의다. "우리 국민의 자유와 행복을 약탈하고 있는 파렴치한 종북 반국가 세력들을 일거에 척결하고 자유 헌정질서를 지키기 위함"이라고 했다. 지금까지 보수정치권은 진보 진영을 공격하기 위해 '종북좌파'라는 표현을 앵무새처럼 읊어댔다. 이번 사태도 그것의 평행이론이라고 할 수 있다. 한국교회가 이런 정치적 구호에 적극 호응했다. 교회가 거리로 뛰어나갔다. 반공주의로 인해 대통령의 불법 비상계엄, 즉 내란조차 구국의 결단이라고 치켜세우면서 탄핵 반대를 외쳤다. 앞으로도 교회와 보수정치권은 한 몸이 되어 철 지난 이 구호를 고장 난 레코드처럼 반복할 것이다. 교회가 음모론의 온상이 되었다.

  보수 개신교회는 진보정권이 공산주의를 추종한다고 오해하고 있다. 유럽의 모습에 빗대어 보면 현재 국민의힘이나 민주당은 진보도 좌파도 아니고 보수정당이라고 말해야 함에도 불구하고 인상비평을 하고 있다. 최근에 진보정권을 공산주의라고 더 확신하게 만든 것이 있는데, 사립학교법 개정과 동성애를 포함한 차별금지법 추진이다. 노무현 정권 시절 2003-2008년에 사립학교의 비리를 근절하기 위해 이 법을 개정하려고 한 것이 기독교를 박멸하려는 공산주의의 획책이라고 본 것이다. 그리고 소위 말하는 민주당 정부 시절에 동성애 합법화와 차별금지법을 추진하려는 것이 사회주의 정책, 더 나아가 일반 국민의 삶을 옥죄는 공산주의 정책이라고 본 것이다.

20년 전인 2004년에 실시한 한 설문조사에 의하면, 한반도 평화를 위협하는 가장 주된 요인으로 '북한의 핵 개발'51.7%을 꼽았는데, 목사가 반공사상을 설교하는 것에 대해 49.2%는 적절하지 않다고 평가했다. 저항감이 생긴다는 의견도 7.6%여서 부정적인 견해가 절반 이상이었다.[1] 연령대가 높을수록 반공사상을 설교하는 것을 당연하다고 생각하는 비율이 급격하게 올라가는데, 흥미롭게도 기독교한국침례회기침와 기독교대한하나님의성회기하성가 어떤 교단보다 반공 설교가 당연하다는 비율이 배 이상 높게 나왔다.[2] 우리는 공산주의를 무너뜨려 달라고 기도할 수 있지만, 반공주의가 복음을 전적으로 대변하고 있다고 착각해서는 안 된다. 반공주의는 자유주의만큼이나 이데올로기적이다. 다행히 반공주의라는 이데올로기가 시대착오적이라는 것을 알아가고 있다.

복음의 기관인 교회를 정치화시키는 주범이 바로 반공주의이다. 복음을 전해야 할 교회가 정치적 구호를 외치고 있다. 교회가 종북 반국가 세력을 척결하자고 외치고 있다. 대한민국이 적화되면 우리의 신앙이 말살될 것이라는 두려움에 사로잡혀 있다. 교회가 겪은 공산주의에 대한 역사적인 트라우마를 극복하지 못하고 있다. 반공주의를 극복하지 못하고서는 한국교회가 복음의 기관으로 제대로 설 수 없을 뿐만 아니라 교회의 쇠퇴를 막을 수 없을 것이다. 이에 한국 사회에서 소위 말하는 빨갱이라는 말이 어떻게 나

---

1. 한신대학교 학술원 신학연구소, 『한국 기독교인의 정치 사회 의식 조사』(한울 아카데미, 2004), 113쪽.
2. 위의 책, 146쪽.

타났고, 교회가 어떻게 이 반공주의의 첨병이 되고 정치화되었는지 살펴보자.

1. '빨갱이'의 유래

한국 사회에서 가장 혐오를 불러일으키는 말이 '빨갱이'다. 이 말은 '쪽바리'라는 말보다 더 강력하고 호전적이다. 일본은 바다 건너에 있고 지금은 크게 위협의 대상이 되지 않지만, 38선 이북의 북한은 가장 가까이서 위협이 되고 있기 때문이다. 빨갱이라는 말은 우리 내부의 적일 뿐만 아니라 우리나라를 뒤집어엎는 세력이라는 말이 되어 버렸다. 빨갱이라는 말은 어느 상황에서나 튀어나올 수 있다. 다른 이들과 논쟁하다가 밀린다 싶으면 빨갱이라는 말을 사용하기도 한다. 지금도 흔하게 터져 나오는 말, 빨갱이의 기원이 어디일까? 보통 빨갱이의 형상은 뿔난 도깨비나 살이 뒤룩뒤룩 찐 김일성으로 표현되었다. 이번 내란 사태에서 탄핵 반대를 주도하는 집회에 동원된 문구 중에 하나가 '빨갱이는 죽여도 된다'는 구호였다. 북한만이 아니라 중국이 우리나라를 집어삼키려고 한다는 황당한 주장마저 하면서 내란을 옹호했다. 대통령이 비상계엄을 선포한 이유도 빨갱이들을 처단하기 위한 목적이었다는 점에서 일치하는 행태를 내보인 것이다.

알게 모르게 대한민국 제일의 국시가 반공이라고 할 정도다. 대통령을 향해서도 공산주의자라는 말을 버젓이 하고 그런 말이 아무런 문제가 되지 않고, 오히려 나라를 위하는 것처럼 영웅시되는 것을 보면 우리 사회가 너무나 민주화되었다는 것을 보여주면서, 동시에 반공주의가 우리 사회를 근본적으로 규정하고 있다는 것을 잘 보여준다. 우리 사회의 모든 혼란과 나라를 무너뜨리는 주범이 공산주의자라는 생각은 언제부터 자리 잡았을까? 공산주의자는 종교적인 색채마저 띠게 되었는데, 성경에서 말하는 악마적 존재라는 의미가 되었다.

반공체제 탄생 사건으로서의 여순사건

너무나 경멸적이면서 죽여도 되는 존재로서의 빨갱이는 1948년 10월에 발생한 여순사건여수·순천 10·19사건을 통해 탄생했다.[3] 김득중은 여순사건을 '분단 정부수립과 국가 건설 과정의 중요한 성격을 드러내 주는 감춰진 기반이자 반공 체제를 탄생시킨 한국 현대사의 핵심적 사건'으로 본다.[4] 이승만 정권이 수립된 지 불과 두 달만에 일어난 여순사건은 광복 후 대한민국 성립 초기 과정에서 국민을 보호해야 할 경찰과 군대가 자국민을 대상으로 폭력을 행사하고 전투를 수행한 최초의 사례였다. 여순사건은 북한의 지령을 받았거나 남로당 중앙과는 전혀 상관이 없었다. 봉기를 일으킨 주체는 제14연대 일부 하사관들이었다. 이들은 제주항쟁을 진압하라는

---

3. 김득중, 『빨갱이'의 탄생』(선인, 2009), 46-49쪽.
4. 위의 책, 43쪽.

이승만 정부의 명령을 거부하면서 1448년 10월 19일에 봉기했다.[5] 이후 이 군인들의 반란은 지방 좌익 세력과 지역 주민들의 호응으로 전남 동부지역 여러 군으로 파급되었다.

지역 주민들이 이 봉기에 가담한 이유는 토지개혁, 친일파 척결, 그리고 이승만 단독정부 수립에 따른 통일 정부 수립 좌절이 큰 이유로 작동했다.[6] 일부 군인만이 아니라 지역 주민들이 봉기에 가담하자 이승만 정권은 큰 위기감을 느끼고는 여순지역에 계엄을 선포하고 진압군을 보내어 초토화작전을 감행하여 민간인을 대량 학살했다. 진압군은 그해 10월 27일에 여순지역을 진압하고서도 이후 인근 산악지역에 대한 진압을 넘어 한국전쟁 기간에도 진압 작업을 계속하였다.[7] 당시 여순사건 진압 과정에서 약 1만 명의 지역 주민들이 목숨을 잃었는데, 대부분 진압군에 의한 학살이었다. 진압군의 민간인 학살은 좌익이 경찰과 우익 인사를 학살한 것과 비교해 훨씬 더 많고 잔인했다. 지역 주민들은 군경에 의해 끌려 나가 자신들이 왜 죽어야 하는지도 모른 채 학살되었다. 빨갱이였기 때문에 처벌받은 것이 아니라 처벌받은 다음에 빨갱이가 되었다고 할 정도다.

이승만 정부는 여순사건을 이용하여 반공을 건국이념으로 삼았을 뿐만 아니라, 대한민국 국민의 자격을 심사하는 기능까지 하게

---

5. 위의 책, 40쪽.
6. 위의 책, 같은 곳.
7. 위의 책, 41쪽.

만들었다. 여순사건을 거치면서 공산주의자는 양민을 학살하는 살인마, 악마로 간주되었다. 이제 공산주의자는 인간도 아닌 존재, 빨갱이로 불렸다. 공산주의자는 정치적 지향을 가리키는 말이었지만, 빨갱이는 비인간적 존재였기에 같은 민족도, 같은 인간도 아닌 존재, 어떤 동정도 필요 없는 존재가 되었다.[8] 이후에는 빨갱이는 죽여도 되는 존재가 되었고, 더 나아가 그들을 죽이는 것이 애국이요, 민족을 위하는 것이요, 민주주의 체제를 수호하는 일이 되었다.[9] 여순사건 진압 후 이승만 정부는 남한 전체를 반공 체제로 재편했다. 여순사건으로 내려진 계엄의 효과는 국가보안법 제정으로 이어졌고, 지금까지 한국 사회를 단속하는 기제로 작동하게 되었다.

좌파 악마화를 통한 우파의 생존 수단

여순사건을 진압하는 과정이나 진압 후, 이승만 정부는 언론이나 문인들을 통해 반란자들을 '잔인무도한 귀축들', '악의 승리', '인간성 상실' 등 종교적인 표현을 사용하여 악마화했다.[10] 이때 모든 종교단체가 망라된 위문단도 활동했다. 종교대표단 보고서에 의하면 신자와 교회의 피해가 크지 않았다고 기술했다. 당시 여순사건 진압군 작전에 참가했던 백선엽조차도 빨갱이가 그렇게 많지 않았고, 핵심 좌익계 인물들의 선전과 신변 위협 때문에 나름대로 살 길

---

8. 위의 책, 47쪽.
9. 위의 책, 같은 곳.
10. 위의 책, 402-405쪽.

을 찾아 나섰던 것으로 보고 있다고 말했다.[11] 한편, 종교 대표들은 좌익 분자 숙청과 반공교육 강화를 소리 높여 주장했지만, 이 사건으로 피해를 입은 유가족 구호에 대해서는 크게 강조하지 않았다.[12] 우리가 알듯이 이 여순사건 때 손양원 목사의 아들들인 동인, 동신 형제가 살해당했다. 이 두 형제가 살해당한 것은 기독교인이었다는 이유 때문만이 아니다. 사범학교에 재학 중이던 이 두 형제는 우익의 반탁운동에 가담하고 있었기 때문에 좌익 세력의 표적이 되어 총살당했다.

당시 여학생들이 총기로 무장하여 국군 장교와 병사들을 유도한다는 신문기사들이 보도되었고, 이것은 큰 반향을 불러일으켰는데, 사실 정부가 동원한 시찰단의 문인들이 작성한 가짜뉴스였다. 좌익 여성에 대한 과장된 이야기는 공산주의가 강력한 유혹이라는 것을 보여주었다. 공산주의는 유혹하는 요부妖婦이자 창녀로 그려진다. 그 결과 반공주의는 남성성과 여성성에 대한 위계를 만들어 내었다.[13] 그 후 반공주의 교육에는 여성 신체에 대한 적대적인 모습이 계속 표출되었다. 반공주의자는 여성의 어떤 유혹이라도 이겨낼 수 있는 강한 남성의 육체로 표현되었다. 남한에 군사적 민족주의가 자리 잡고, 강력한 군인이 폭력을 동원해서라도 나라를 통치하는 것을 용인하게 된 것은 반공주의 영향이 컸기 때문이다. 조

---

11. 백선엽, 『실록 지리산』(고려원, 1992), 192쪽.
12. 위의 책, 407쪽.
13. 김득중, 위의 책, 434-437쪽.

선의 양반들이 표상하는 쇠락한 남성성이 정권을 장악하려는 새로운 군사 엘리트를 정당화하는 수단이 되었다. 즉, 산업화와 함께 그 기저에는 반공을 위한 군사적 남성성의 이상화된 이미지가 만들어졌다.[14]

남한의 단독정부인 이승만 정부가 들어서면서 바로 터진 여순사건은 건국이념을 위해 철저하게 이용당했다. 여순사건으로 '빨갱이'라는 호칭이 만들어졌고, 이 호칭은 국민이 될 수 있느냐 없느냐를 가르는 표가 되었다. 이 호칭은 사람이지만 결코 사람 측에 들지 않는 존재, 죽여도 되는 존재를 넘어 반드시 죽어야 하는 존재가 되어 버렸다. 더 큰 문제는 아무런 근거 없이 상대방이나 상대 세력을 제거하기 위해 전가의 보도처럼 사용되는 호칭이 되어 버린 것이다. 해방과 미군정 치하에서 반공주의는 식민지 엘리트 출신 우파 세력의 생존 수단이었다면, 대한민국 정부수립 이후에는 반공주의가 일반 대중의 생존 수단, 즉 자신이 살아남기 위한 수단이 되었다.[15]

---

14. 실라 미요시 야거(조고은 역), 『애국의 계보학』(나무연필, 2023), 141-144쪽. 한편, 야거는 김대중의 승리로 인해 한국에 새로운 버전의 남성성, 국가성이 들어섰는데, 이것이 향후 남북한의 통일에 어떤 영향을 미칠지는 아직 알 수 없다고 말한다(229-241쪽).
15. 강인철, 『경합하는 시민종교들』(성균관대학교출판부, 2019), 46-49쪽.

2. 개신교 반공주의의 연원: 해방과 한국전쟁

한국교회는 미국으로부터 복음을 받았고, 자연스럽게 미국 근본주의로부터 큰 영향을 받았다. 미국의 개신교 근본주의가 형성되기 시작한 것은 19세기 중반에 미국에서 발생한 급격한 사회적, 문화적, 신학적 격변이 그 배경이다.[16] 교회의 반공주의는 해방 전후를 무대로 한다. 특히, 남북 간의 관계가 중요하다. 1940년대 북한 지역에는 약 23만 명의 개신교 신자가 살고 있었고, 약 2,100개소 교회, 목사는 2천여 명에 달했다.[17] 일제강점기 말기에 한국교회는 심각한 시련과 위기를 만났다. 한국교회를 일본교회에 예속 혹은 병합시켰기 때문이다. 해방과 함께 만신창이가 된 교회를 재건해야 했는데, 우선은 일제에 의해 인위적으로 재편된 교계 질서를 원상회복하는 것이었고, 둘째는 교회 내부의 친일적 잔재와 인사들을 배제하는 것이었다.[18] 문제는 민족의 해방이 38도선과 함께 왔기 때문에 교회 재건은 복잡한 양상을 띠게 된다.

해방 이후의 기독교 정치화

해방 직후부터 기독교인은 놀랍도록 정치화되었다.[19] 해방을 맞

---

16. 배덕만, 『한국개신교근본주의』(대장간, 2010), 18-19쪽.
17. 한국기독교역사연구소 북한교회사집필위원회, 『북한교회사』(한국기독교역사연구소, 1996), 343-344쪽.
18. 위의 책, 352-353쪽.
19. 위의 책, 383쪽.

아 개신교 지도자들은 북한의 정치와 종교 집단을 통틀어 가장 신속하게 대응했다. 해방과 동시에 북한 전역에서 결성되기 시작한 건준건국준비위원회은 모두 개신교 지도자들이 주도했다.[20] 당시 기독교인의 정치화를 좀 더 선명하게 보여주는 것은 한국기독교 역사상 전무후무하게 기독교 정당의 결성이 두 차례나 시도되었다는 것이다. 이 정당들은 서북 지역을 기반으로 삼고 있었는데, 예를 들면 조만식을 중심으로 평남 건준으로 집결했던 기독교인들이 조선민주당으로 정치세력화했다. 조선민주당에 참여한 기독교인들은 일제 치하에서부터 신간회에 참여하는 등 민족 사회주의 혹은 기독교 사회주의 색채가 농후한 사람들이었다.[21] 한편, 미국 유학 출신인 윤하영, 한경직 두 목사가 주도하고 평북지방의 개신교인들에 의해 기반을 둔 기독교사회민주당이 결성되었다. 한경직 목사가 밝힌 바에 따르면, 대지주의 횡포를 막고 대기업의 국가관리를 위해 민주당이 아닌 사회민주당이란 당명을 정했다고 한다.[22] 기독교자유당도 결성되었는데, 이 당은 장로교와 감리교 최고지도자들에 의해 직접 추진되었다.

건준과 인민정치위원회의 구성, 조선민주당 창당 과정 등을 보면 해방 직후 기독교회와 소련 군정, 그리고 공산주의자들의 관계는 비교적 우호적이었다. 하지만 기독교 세력과 기독교 정당이 반

---
20. 위의 책, 384쪽.
21. 위의 책, 386쪽.
22. 위의 책, 388쪽.

공과 반탁의 입장을 내세우면서 기독교와 공산 세력의 갈등이 전면화된다.[23] 그리고 토지개혁을 추진하면서 기독교인은 토지개혁의 피해자가 많았기에 공산당과 척질 수밖에 없었다. 북조선인민위원회가 수립되어 기독교에 대한 규제가 강화되자 기독교인들은 전국적인, 그리고 조직적인 반공 투쟁을 하기 시작했고, 이것이 앞에서 언급한 기독교 정당을 만드는 일로 이어졌다. 기독교 내부의 심각한 대립 양상과 함께 기독교에 대한 탄압이 심해지자 한국전쟁 전부터 반공적인 인사들의 대규모 월남이 이루어졌고, 북한은 탈기독교화되었다.[24] 이에 남아 있는 북한교회는 북한에 만연한 반기독교 정서를 추스를 역량을 가지고 있지 않았고, 더 나아가 한국전쟁의 경험으로 반미, 반제국주의적 성격만 가지게 되었다.

처음에 일부 기독교인들은 한국전쟁을 기독교의 죄악 때문이라고 보기도 했다. 전쟁이 발발하기 2개월 전인 제36회 장로회 총회에서 신학교 문제와 고신파 노회 문제 등 교권을 둘러싸고 난투극이 벌어지고 무장 경관까지 출동하는 사태가 벌어졌다.[25] 이에 더 이상 총회가 계속되지 못했고, 한국전쟁이 일어나고 1951년에야 연속 총회를 개최할 수 있었다. 한국전쟁은 교회의 이런 죄악에 대한 하나님의 심판이라고 보았다. 좌익 사람들에게 자식 둘을 잃은 손양원 목사조차도 신신학과 신사참배 불회개로 인한 교회분열

---

23. 위의 책, 395-396쪽. 북한 지역에서의 토지개혁은 기독교인들 가운데서 땅을 빼앗긴 이들과 땅을 얻은 이들로 갈라지고 서로 적대시하는 일까지 벌어졌다.
24. 위의 책, 412쪽.
25. 김양선, 『한국기독교해방십년사』(대한예수교장로회 총회종교교육부, 1956), 249쪽.

이 한국전쟁의 주원인이라고 보았다.[26] 하지만 월남한 기독교인들은 한국전쟁이 공산당의 야욕에서 비롯되었기에 공산주의자를 마귀로 표현하면서 휴전을 반대하기까지 했다.

한국전쟁: 반공주의의 종교적 성격 강화

한국전쟁을 계기로 북한을 사탄으로 본 사탄론과 함께 민족주의적인 선민의식과 구원론적 요소들이 첨가되었다.[27] 공산 세력을 적그리스도 내지 사탄으로 명명하는 '사탄론'에다가 대한민국의 지정학상 전 세계의 자유민주주의를 지켜내는 멸공 투쟁의 선봉장으로 하나님으로부터 사명을 부여받았다는 '반공주의적 선민의식'이 결합해서 반공주의의 종교적 성격이 강화되었다. 심지어 반공주의에 구원론적인 측면마저 가미되었다. 그것은 한국전쟁 시기 순교자들이 많이 나왔기 때문이다. 한국전쟁을 겪으면서 개신교가 사회 전체에서 반공의 탁월한 상징으로 떠올랐다.[28] 전쟁 기간 중에 개신교인이라는 증명서가 있으면 곧 반공주의자라는 등식이 성립될 정도였다. 전쟁 중 포로수용소에 좌익이 우익수용소에 침투하기 위해 가장 자주 사용했던 것이 독실한 기독교인으로 행세하는 것이었다.

월남한 북한 출신 개신교인이 반공주의에 가장 큰 역할을 한다.

---

26. 안용준 엮음, 『산돌 손양원목사 설교집』(경천애인사, 1962), 31-39쪽.
27. 강인철, 『한국의 개신교와 반공주의』(중심, 2007), 70-71쪽.
28. 위의 책, 75쪽.

해방 직후부터 북한에서 개신교인들은 점령군인 소련을 등에 업은 사회주의자들에 대항하는 가장 강력하게 조직화된 우익 세력이었다.[29] 이들은 사회주의자들과 폭력을 주고받았고, 결국에는 북한을 탈출해 남한으로 내려왔다. 이들의 반공주의는 너무나 강경할 수밖에 없었다. 해방 후 한국전쟁 종결까지 탈북한 개신교인수를 파악하는 것은 불가능하지만, 해방 당시 북한의 개신교인 수를 20만 명으로 잡고 35-40%인 7-8만 명 정도가 탈북하지 않았을까 생각된다.[30] 이 비율은 개신교인이 아닌 탈북자와 비교하면 엄청나게 높은 것이다. 이들 탈북 개신교인들이 남한의 반공주의에 엄청난 영향을 미칠 수밖에 없었다.

한국전쟁을 통해 반공주의는 유사종교가 되었고, 반공주의와 민족주의가 결합하여 반공적 선민의식으로 발전하였다. 한국전쟁을 거치면서 대한민국은 자유 진영의 보루가 되었고, 심지어 세계사에서도 이스라엘처럼 거룩한 사명을 부여받은 민족이 되었다.[31] 탈북한 개신교회 지도자들이 남한에서 이 거룩한 민족 소명을 부르짖기 시작했고, 통일교, 전도관 등 한국전쟁 이후 탄생한 개신교 이단들도 한반도 중심의 세계 구원을 주창하기까지 했다. 반공주의는 민족주의와 결합했을 뿐만 아니라 지배 혹은 통치의 무기가

---

29. 위의 책, 408쪽.
30. 위의 책, 409-420쪽. 저자는 여러 가지 자료를 근거로 해방 직후 북한 인구는 926만 명이었고, 그때로부터 한국전쟁 종결까지 북한 인구의 10.7-14.7% 정도가 월남했다고 보고 있다.
31. 강인철, 『경합하는 시민종교들』, 251-255쪽.

되어 반공주의의 정치적 오남용이 심해졌다.[32] 어떤 민족이라도 자기 존재에 너무 몰입하게 되면 자신의 영광을 최고의 선으로 떠받들게 된다.[33] 우리는 반공주의와 결합한 민족주의, 순수혈통을 강조하는 민족주의가 사회적인 암 덩어리가 될 수 있다는 것을 알아야 한다. 그런데 한국 개신교회는 반공주의의 국가주의적 성격을 극대화하는 데 적극 기여하였다. 교회 자체가 공산주의에 의해 말살당할 수 있었다는 트라우마를 벗어날 수 없었기 때문이다.

3. 개신교 반공주의의 재생산: 승공과 멸공으로 발전

해방으로 거슬러 올라가 보자면, 일본 귀신에게 신사 참배한 것에 대해 어떤 해명도 불가피한 상황이 되자 보수 기독교계는 진정한 악마가 있다고 주장하기 시작했다. 그것이 바로 공산주의였다고 보는 의견도 있다.[34] 한국전쟁이 터지고, 남북분단이 고착화되면서 개신교회 내에서 종말론적인 상상력도 커져 갔다. 많은 개신교 신자들은 한국 중심의 세계 구원을 꿈꾸기도 했다. 이런 생각이 주류 개신교단의 틀에 담기는 것이 쉽지 않았기에 개신교 계통의 수많은 분파 운동으로 표출되었다.[35] 박태선이나 나운몽 같은 이들이

---

32. 위의 책, 255-259쪽.
33. 니콜라스 월터스토프(홍병용 역), 『정의와 평화가 입맞출 때까지』(IVP, 2007), 217-219쪽.
34. 김용민, 『한국 개신교와 정치』(소명출판, 2016), 147-157쪽.
35. 위의 책, 73쪽.

대표적이다.

한국전쟁 이후: 정권 취약으로 인한 승공론 대두

한국전쟁 이후 북한은 전후 재건에서 성공을 거두었는데 반해, 남한 이승만 정부는 미국 정부와의 관계가 소원했을 뿐만 아니라 개신교회도 호의적으로 보지 않았다.[36] 이승만 정부는 반공을 내세우면서 민심을 통합하려고 했지만 민심은 점점 멀어져 갔고, 미국의 여론을 움직일 수 있는 천주교와 월남한 기독교인들에 대해서도 적대적이었다. 이승만은 월남한 기독교인들과 WCC(World Council of Churches(세계교회협의회))의 관계를 단절시키기 위해 그들을 용공주의자로 공격했고, 그들을 통제하기 위해 스스로 기독교 반공단체를 조직했다. 이에 개신교회는 이승만 정권을 독재정권이라고 비판하고, 반공을 정치적 도구로 사용하는 것을 경계하면서 승공론을 주장했다.[37] 즉, 반공을 민주주의 질서 확립과 사회적 빈곤의 제거를 통해 공산주의와의 체제경쟁에서 이겨야 한다고 재정의하였다. 이것을 위해 만든 것이 《기독교사상》이다.[38]

---

36. 윤정란, 『한국전쟁과 기독교』(한울, 2015), 270-271쪽.
37. 위의 책, 278-279쪽.
38. 위의 책, 280-281쪽. 이 잡지는 1957년에 창간되었는데, 서북 출신 기독교 지식인들이 대거 필진으로 참여했다.

1960-70년대: 승공과 결합한 종말론적 구원론

1960년에도 승공과 결합한 종말론적 구원론이 부흥회 현장에서 외쳐졌다. 개신교회는 한국이 영적 이스라엘이며, 마지막 세계 선교의 바통을 받은 나라라고 외쳤다. 문제는 기독교인이 여전히 소수라는 사실이다. 이에 하나님으로부터 부여받은 한국의 사명을 감당하기 위해서는 한국이 기독교 국가가 되어야 한다는 생각에 이른다. 이런 열망이 표출된 것이 1960년대의 '전국 복음화운동'이었고, 1970년대에는 '민족 복음화운동'으로 이어졌다.

1960년대의 한국 사회는 전형적인 반공주의사회였는데, 이때에는 개신교회의 반공 운동 역시 너무나 당연하고 자연스러워 사회로부터 주목의 대상이 되지 못했다. 1970년대가 되면 개신교 내의 특정 세력이 외부로부터 용공 혐의를 받았고, 이에 대해 많은 개신교 단체가 요란할 정도로 반공주의 행동을 통해 사회의 주목을 받았다.[39] 이때가 바로 박정희 대통령 시절이었다.

이때는 베트남전이 종결되어가는 시점이기도 해서 한국대학생선교회, 기독교부흥전도회, 한사랑선교회 등을 비롯한 여러 전도, 부흥, 선교단체들이 반공에 열을 올렸다. 보수 교단의 연합조직들로는 국제기독교협의회ICCC[40]와 세계복음동지회WEF의 영향을 받은 기독교한국복음동지회와 복음주의전국연합회가 반공을 주도했다.

---

39. 위의 책, 225-227쪽.
40. 칼 매킨타이어가 이끄는 근본주의자 그룹 국제기독교협의회는 1950년대 초반 미국을 휩쓴 극우 반공적 매카시즘의 개신교 행동대 역할을 담당한 단체였다.

이들은 세계교회협의회WCC를 따르는 한국기독교교회협의회NCCK를 용공 단체로 몰아갔다. 개신교 반공단체들도 많이 일어났는데, '구국선교단'이 대표적이다.[41] 한국 정부의 독재와 인권침해에 대한 국제적 비난이 고조되고, 교단들 간에도 분열과 반목이 심해져 간다. 그런데 미국 의회에서 주한미군 철수를 공공연하게 거론하자 1977년 봄부터 반공을 매개로 한 개신교 연합운동이 재차 활성화된다.[42]

개신교 반공주의의 탁월한 재생산 기제는 전쟁 기념 의례와 순교자 기념 의례이다. 한국전쟁이 끝나고 나서 바로 6·25기념예배를 거행하기 시작했고, 이 기념 예배는 반공궐기대회를 방불케 하는 열띤 분위기였다.[43] 이 자리에서 북한선교, 공산권선교에 헌신하는 이들도 많이 나왔다. 순교자 담론은 로마가톨릭의 전유물이 아니다. 한국 개신교회도 많은 순교자들의 명단을 가지고 추모하고 있다. 교단마다 '순교자주일'도 지키고 있다. 처음에 개신교회에서 이런 순교자 기념은 생소한 것이었지만, 1980년대 이후에 비로소 시작되고 본격화되었다.[44] 각종 순교자기념사업회가 만들어졌고, 순교자기념관, 순교자기념탑, 기념집회 등을 열면서 이 자리가 반공

---

41. 윤정란, 위의 책, 255-261쪽. 이 단체의 총재가 최태민 목사이고, 대통령의 큰 딸 박근혜가 명예총재로 추대받아 활동했다.
42. 위의 책, 270-274쪽. 이때 '한국기독교시국대책위원회'가 발족하고 '나라를 위한 특별기도회'를 열었다.
43. 위의 책, 106-118쪽. 필자도 군목으로 있을 때 오순리 최자실기념금식기도원에서 6·25상기구국집회를 여러 번 참여하면서 마음이 뜨거워졌던 기억이 생생하다.
44. 위의 책, 141-184쪽. 강인철은 개신교의 순교담론 및 신앙행위형성과 확산을 한국전쟁 이전, 1950년대, 1960-79년, 1980년대, 1990년대, 2000-2004년의 역사적인 순서를 따라서 구체적으로 기술하고 있다.

을 고취하는 장이 되었다.

1980-90년대: 한기총을 중심으로 반공 보수 그룹의 헤게모니 강화

1980년대 하순부터 민주화 이행기로 접어들면서 개신교회의 반공 열기는 다른 방향으로 발전한다. 정부의 북방정책과 사회의 민주화 열기에 대한 불안 때문이다. 1988년 한국기독교교회협의회 NCCK 제37회 총회에서 반공 이데올로기를 우상화한 죄악을 회개하면서 이제까지 맺어온 반공주의와의 질긴 인연을 공개적으로 끊어내자, 개신교 보수 그룹은 더 공고한 보수연합을 구축한다. 이제 개신교회는 보수와 진보로 그 경계선이 더 뚜렷해지고 두 진영 사이에 대립과 경쟁이 심화할 것처럼 보였지만, 반공주의 그룹이 세력을 확장하는 반면 진보그룹은 주변화되면서 개신교 전체에서 반공 보수 그룹의 헤게모니가 강화된다.[45] 이런 일련의 움직임 속에서 1989년 말에 한기총이 결성되어 반공주의 생산과 확산에 핵심적 역할을 담당한다.

1980년대를 거치면서 보수 개신교회는 사회참여를 강화하는데, 이때에도 정치적 태도, 특히 반공주의에 대한 태도 변화는 거의 없었다.[46] 한국교회는 초대형교회 중심으로 양극화되고 재편되었다. 권위적이고 위계적인 구조를 갖추고 있는 개신교회는 다른 종파에 비해 가장 경쟁적인 것처럼 보이지만, 소수 초대형교회들에 의해

---

45. 위의 책, 280-284쪽.
46. 위의 책, 580쪽.

상당 부분 독점 혹은 과점 되어 있기 때문에 그 초대형교회 목회자의 발언권이 무엇보다 세다. 이렇게 1990년대 이후에는 소수 초대형교회를 중심으로 한 보수세력의 헤게모니 확장과 종교 권력을 둘러싼 새로운 대립 구도가 구축되고 있다.[47]

개신교회는 1970년대 말까지의 경이로운 양적 성장기, 1980년대의 성장 둔화기를 거쳐 1990년대에는 성장이 정체하고 쇠퇴를 시작한다. 반공주의와 권위주의를 내재한 선발 초대형교회와 달리 교인들이 대부분 중산층으로 이루어진 강남, 강동, 분당을 중심으로 한 후발 대형교회들사랑의교회와 온누리교회가 대표적이다은 우리 사회가 민주화를 거쳐 1990년대 이후로 진보와 보수로 이분화될 때에 보수의 깃발 아래 결속한 가장 적극적인 사회 단위가 되었다.[48] 한편, 치유를 바라고 부자 되기를 갈망했던 때와 달리 소위 말하는 웰빙well-being이 이들 후발 대형교회들 중심으로 퍼져 나갔다. 이제 교회의 가치는 '웰빙 보수주의'로 표현될 수 있다.[49] 교회의 침체에도 불구하고 대형교회들은 그 영향을 거의 받지 않기에 그 교회들을 중심으로 권위주의와 보수주의에 근거한 반공주의는 조금도 바뀌지 않았다.

---

47. 위의 책, 584-585쪽.
48. 김진호, 『대형교회와 웰빙보수주의』(오월의 봄, 2020), 103-115쪽.
49. 위의 책, 9-27쪽.

2000년대: 반공주의를 내세운 보수 개신교회의 지나친 정치 관여

교회는 쇠퇴하고 있지만 2000년대 초부터 보수적 개신교의 정치화가 뚜렷해졌고, 이들 세력이 한국 우익의 대표주자로까지 부상한다.[50] 그 이전에 보수 개신교회의 정치화는 1990년대 초로 거슬러 올라간다. 1970년대부터 진보적 개신교 단체인 한국기독교교회협의회가 사회참여를 주도하면서 반공주의를 죄로 단정하고 '민족의 통일과 평화에 대한 기독교회의 선언'을 발표한다1988년 2월 29일. 이에 위기를 느낀 보수교회들이 총단결하여 좌파로부터 한국교회의 주도권을 탈취해 오기 위해 1989년 말에 '한국기독교총연합회'이후 한기총를 출범한다.[51] 한기총은 출범 후 처음 맞는 1992년의 총선과 대선에 적극적으로 관여하는 김영삼 씨를 대통령에 당선시킨다. 이때부터 대표적인 보수 지도자들의 입에서 기독교 정당 결성, 기독교인의 정치 참여가 활성화되어야 한다는 표현들이 거침없이 터져 나왔다.[52]

1993년에 미국의 월간지인 《Christian World크리스천 월드》가 선정한 세계 50대 교회에 한국의 교회들이 23개나 포함되었다고 발표했고, 국내 언론들이 이 사실을 대대적으로 알리자 한국교회는 큰

---

50. 강인철, 『한국의 개신교와 반공주의』, 26-32쪽. 강인철은 정확히는 2003년 초부터, 즉 노무현 정권 출범 직전인 2003년 1월부터 한기총을 중심으로 한 개신교 보수세력이 시청 앞, 광화문, 여의도 등에서 극우단체들과 연대하여 반북·친미를 표방한 대규모 정치집회를 연 것에 주목한다.
51. 위의 책, 33쪽.
52. 위의 책, 35-37쪽. 1992년 2월 한국기독교부흥사협의회 회장으로 취임한 조용기 목사는 '한국정치는 기독교가 일어나야 한다. 그러기 위해서는 국회의원을 기독교인이, 대통령은 장로가 해야 한다'는 발언마저 한다.

자긍심을 가졌다. 특히, 교회 성장을 견인하는 초대형교회 담임목사들은 이 자신감으로 보수 개신교의 정치화를 이끌었다. 보수 기독교계는 1997년15대과 2002년16대 대선에 영향을 미치기 위해 애썼지만 김대중과 노무현의 당선으로 끝나버렸다. 그 사이에 미국에서 '신기독교우파'New Christian Right가 적극적으로 지원한 조시 부시가 대통령이 되고2000년 재선까지 하면서 한국의 보수 기독교계는 힘을 얻는다. 이에 김대중 대통령 임기 말에 보수 개신교인들이 광장으로 쏟아져 나와 정부를 규탄하기 시작한다. 고신교회도 제54회 총회2004년에서 이례적으로 '시국 선언문'을 채택한다.[53] 그 시국 선언문은 겉으로는 단군상 건립, 국가보안법 폐지, 사립학교법 개정을 염려하고 있지만, 대부분의 내용은 '친북, 반미 좌경 세력이 각계각층에서 공공연히 활동하므로 나라가 급속도로 좌경화되어 가고 있다'는 것을 좌시할 수 없다는 것이다.

한국전쟁 이후 군사독재 시절까지 반공주의는 강력했다. 지금까지 보수 정치집단은 북한을 이용하면서 적대적 공생관계라고 표현해도 지나치지 않을 것이다. 민주화 이후 이 반공주의는 조금씩 사그라들고 있다. 반공주의를 아무리 고취하더라도 그 기운은 급격하게 쇠하고 있다. 대선 때마다 소위 말하는 북풍, 총풍을 일으키려고 해도 잘 먹혀들지 않는다. 그런데 이상하게도 개신교 반공주의는 계속해서 재생산되고 있고, 강력하게 남아 있다.

---

53. 〈제54회 고신 총회회의록〉

4. 반공주의 극복: 두려움이 없는 평화의 복음으로

한국 개신교회의 모습은 다양하겠지만 전반적으로 보자면 근본주의와 권위주의라고 규정할 수 있겠다. 이 근본주의와 권위주의가 구체적으로 드러나는 것이 반공주의를 통해서다. 이 반공주의는 성경에 의해서 동력을 얻고 있다는 것이 아이러니하다. 우리는 영적인 전투를 수행해야 하는데, 그 사탄의 세력이 바로 공산주의라고 보기 때문이다. 개신교회는 반공주의를 철저하게 내면화해서 지금까지 그 자장 안에서 살고 있다. 공산권이 다 무너지고 자본주의화하고 있음에도 불구하고 세계에서 유일하게 남은 분단국가요 북한을 마주하고 있기에 개신교회는 사회에, 더 나아가 정치에 영향력을 미치기 위해 반공주의를 지금도 고집하고 있다.

교회는 반공주의를 극복할 수 있을까? 아니, 왜 반공주의를 극복해야 하는지를 물어야 할 것이다. 우리 사회가 민주화되면서 권위주의 문화에 대하여 강력하게 반발하고 있다. 교회에 아직도 남아 있는, 아니 오히려 강화되고 있는 권위주의 문화는 특히 청년들을 교회 밖으로 내몰고 있다. 더 나아가 철 지난 레코드처럼 되울리는 반공주의는 교회를 정치집단으로 보게 만든다. 대한민국이 선진국에 진입했고, 북한은 이제 더 이상 남한과 경쟁할 수 없는 체제가 되었음에도 불구하고 교회는 두려움에 사로잡혀 반공주의를 외치고 있다.

지금까지 살펴본 바를 정리해 보자.

첫째로, 반공주의는 복음이 아니다. 굳이 한마디로 말해보자면, 복음은 평화의 복음이다 엡2:14-22. 막힌 담을 허물어뜨리고, 모든 차별을 철폐하고, 모든 혐오와 조롱을 내려놓는 것이 복음이다. 누군가는 살인마 공산주의자들을 그냥 받아들이자는 말이냐고 할 것이다. 그런 말이 아니다. 체제전쟁에서 이미 진 북한을 공격해서 박멸하려는 것이 맞는 것인가? 어떻게 하면 북한의 무고한 인민을 해방시킬 수 있을까? 평화롭게 남북이 통일되는 것 외에 다른 길이 있을까? 진보정권이 왜 북한의 인권 문제를 거론하지 않는지 공격하기도 한다. 당연히 거론해야 한다. 여기서 우리는 지혜를 발휘해야 한다. 북한을 그렇게 자극해서 얻을 수 있는 것이 무엇일까? 남북한이 대치하고 있는 상황에서 북한을 조롱하거나 압박하거나, 아니면 무시하는 것으로는 평화를 일굴 수 없다.

둘째로, 반공주의는 시대착오적이다. 한국교회가 반공주의를 극복하지 않고서는 시대착오적인 교회가 될 수밖에 없다. 예수님이 친히 천지의 기상을 읽을 수 없는데 어떻게 시대를 읽을 수 있겠냐고 하셨다 눅12:56. 아직도 왕정국가가 있지만 입헌국주국이고, 과거와 같은 절대왕정은 없다. 세상 모든 사람이 누리는 일반 은총 중의 하나가 바로 자유민주주의이다. 우리 대한민국의 반공주의도 자유민주주의를 필수적으로 포함하고 있었다.[54] 이 민주주의는 도입될 때 '반反군주제'라는 의미로 받아들였는데, 처음에는 국민이 왕이

---

54. 강인철, 『경합하는 시민종교들』 67-71쪽.

라는 말이냐는 비아냥에서 '민주정'이 아니라 민주주의라고 불렀다. 그런데 개신교계 일각에서는 하나님이 왕이시니 세상 나라에도 왕이 있어야 한다는 식으로 생각하여 독재를 옹호하고, 왕과 같은 강력한 대통령이 있어야 종북세력을 척결할 수 있다고 생각한다. 이것은 하나님께서 역사를 통해 세워주신 민주주의 원리를 정면으로 거스르는 것이다. 이것이 바로 교회를 지배하고 있는 권위주의를 보여주는 것이다. 하나님께서는 각 영역에 권위를 세우셨는데, 그 권위가 잘 섬기는 권위가 아니라 지배하고 착취하는 권위주의가 될 때 그 사회는 무너지고, 역사적 퇴행을 겪을 수밖에 없다.

셋째로, 반공주의에 사로잡힐수록 거짓말하게 된다. 평상시에도 그렇지만 선거 때만 되면 우리나라가 공산화되지 않으려면 투표해야 한다는 독려 문자가 수없이 날아온다. 목사들을 포함하여 기독교인이 그런 문자를 수없이 뿌려댄다.[55] 교회는 진리를 증언한다고 하면서 도리어 거짓 증언을 너무 많이 한다. 기독교와 나라를 위해서라면 거짓말을 해도 된다고 생각하기도 한다. 한국교회가 반공주의를 부르짖는 한 거짓 증거 하지 말라는 말씀을 늘 어길 수밖에 없을 것이다. 대한민국이 적화되어 가고 있다고 과장하기 때문이다. 그런데 북한은 이제 더 이상 우리를 위협하는 세력이 될 수 없다는 것을 누구나 알고 있으니 그 관심이 중국으로 옮겨갔다.

---

55. 최근의 윤석열 씨의 대통령 파면을 보면서도 3·15의거부상자회장은 '계엄령 선포에 아무 문제가 없고 오히려 잘했다고 본다. 의회독재가 잘못인데 파면 결정을 내리다니 헌법재판소는 빨갱이 집단이다'라고 말하기도 했다. 그가 기독교인인지 아닌지는 알 수 없지만 이것이 대부분의 보수 기독교인의 생각일 것이다.

중국이 우리나라를 집어삼켜서 공산화하려고 한다고 공포감을 심어주고 있다. 사실, 중국에 대해서는 사상적인 것보다는 경제적인 측면에서 더 공포를 느끼는데, 그렇다면 더더욱 중국과 거래를 잘해야 하지 않겠는가? 공포감으로 인해 거짓말까지 하는 것은 교회가 힘을 숭배하고 있다는 것을 보여주는 것이 아닐까?

넷째로, 개신교회 반공주의는 문자주의로 인해 강화된다. 개신교회의 반공주의는 우리 민족이 겪은 역사적 트라우마에 성경문자주의가 덧붙여진 결과일 것이다. 근본주의와 문자주의에 사로잡힌 보수 개신교회는 구약성경을 읽으며 폭력과 살인에 점점 익숙해질 가능성이 크다. 게다가 이념투쟁을 영적 전쟁으로 격상시켜 생각하기 쉽다.[56] 개신교인들은 사회불만을 토로하는 이들을 툭하면 빨갱이라고 말하고, 진보정권을 사회주의 정권이라고 말하는데, 대한민국은 건국 때부터 사회주의적인 요소를 많이 도입했다. 박정희 씨가 좌익에서 전향했고, 군사쿠데타를 일으켜 집권했음에도 불구하고 나라 운영을 위해 사회주의적인 요소를 많이 도입했다는 것도 부인할 수 없는 사실이다. 대북정책에 대한 분명한 성경적 입장이 있을까? 성경에는 대북정책에 관한 특정 견해가 기독교의 본질적인 요소라고 말하는 곳이 없다.[57] 자본주의와 사회주의의 여러

---

56. 송인규, 「극우적 사고-정체, 형성 및 복음주의적 평가」, 『태극기를 흔드는 기독교인』(IVP, 2021), 189-193쪽.
57. 위의 책, 203-205쪽. 한 연구자가 대북정책의 스펙트럼을 4가지 유형으로 나누었는데 적대적 대결형, 우호적 공존형, 민족 중시적 협력형, 합리적 경쟁형으로 나누었다. 복음주의 신앙은 상황에 따라 이 4가지 유형 중에 어느 것이든지 선택할 수 있을 것이다.

요소가 적절하게 조화를 이루는 것이 성경에서 말씀하는 정의와 긍휼을 제대로 반영하는 것이라고 볼 수 있다. 그래서 유럽의 여러 국가에서 대부분의 기독교 정당은 중도우파 성향을 띤다. 기독교 정당들은 친자본주의적이면서도 사회민주주의 등의 다양한 이념을 포함하고 있다.

다섯째, 개신교 반공주의는 극우 파시즘을 불러일으키기 쉽다. 독일의 경우를 예로 들어 보자. 독일의 나치당은 소련으로부터 밀려오는 공산주의 혁명을 막을 수 있는 지도자와 정당은 자기들밖에 없다고 주장했다.[58] 이에 독일교회는 독일의 추락한 자존심을 회복하고 정치가 재건되기 위해서는 민족을 규합할 수 있는 메시아적 지도자가 필요하다고 생각하던 차에 등장한 나치당과 히틀러를 열렬히 지지하였다.[59] 교회가 반공주의를 조장하면 우리 사회를 적과 아군으로 나누어서 죽기 살기로 싸우는 곳으로 만들 수 있다. 교회가 나라를 지켜야 한다는 사명감을 가지고 있겠지만, 오히려 사회를 분열시키고 전쟁 사회를 부추기는 일을 해서야 되겠는가? 영국의 수상이었던 윈스턴 처칠이 말했다시피 민주주의는 비효율적이고 나쁜 체제지만 지금까지 시도해 본 다른 어떤 체제보다 낫다. 민주주의는 이 세상의 마지막 이데올로기일 것이고, 그 민주주의는 소위 말하는 보수와 진보의 두 날개가 필요하기에 개신교회

---

58. 추태화, 『권력과 신앙-히틀러 정권과 기독교』(씨코북스, 2012), 30쪽.
59. 위의 책, 29쪽.

가 흑백 논리적인 당파성을 조장해서는 안 된다.[60]

결론

한국교회의 정치화를 이끈 주범이 반공주의다. 우리 민족의 가장 큰 상흔 중 하나가 반공주의로 자리 잡았다. 하지만 아직 반공주의에 사로잡혀 있는 것은 모든 사실과 현실을 왜곡하는 것이다. 우리는 교회가 복음의 기관이라는 것을 잊지 말아야 한다. 복음은 어떤 정치 강령이 아니다. 자유민주주의라는 것도 대한민국의 정체이지 교회의 정체가 아니다. 우리는 반공주의를 가지고 사람들을 갈라치기하고 매장시키려고 하는 것에 대항해야 한다. 하나님의 형상으로 지음 받은 사람을 정치적인 성향으로 제거하려고 하는 것은 가장 비기독교적이다.

우리 헌법에서 대한민국은 민주공화국이라고 분명하게 밝히고 있다. 이 민주공화국이라는 국체와 별개로 우리 사회를 실질적으로 이끄는 두 가지 기둥이 있다. 그것이 바로 자본주의와 반공주의이다. 대한민국을 가장 큰 성공을 이끈 것이 자본주의이고, 대한민국의 가장 큰 상흔으로 남아 있는 것이 반공주의이다. 긍정적으로든 부정적으로든 대한민국을 이끄는 두 기둥이 자본주의와 반공주의이다. 자본주의와 반공주의에 가장 충실한 곳 중 하나가 개신교

---

60. 칼 트루먼(김재영 역), 『진보보수 기독교인』(지평서원, 2012), 172-174쪽. 저자는 미국 상황에서 공화당과 민주당을 합친 단어(Republocrat)로 기독교인을 규정한다.

회이다. 한국 개신교회는 스스로 자본의 첨병이 되었고, 반공의 보루가 되었다. 개신교회는 성장 지상주의적 개교회주의와 전투적 반공주의에 물들었다. 자본이 하나님이 주시는 복이요, 반공이 마귀와 싸우는 것과 같다고 생각한다. 쉽게 말하자면, 돈 많이 벌고 공산 세력을 물리치면 하나님이 복 주시고 함께 하시는 것으로 생각한다. 우리 개신교회가 맘몬과 적대감을 섬기고 있지 않은지 돌아보아야 할 것이다.

사랑에는 두려움이 없다요일4:18. 우리가 두려움에 사로잡혀 있다면 사랑이 없다는 것을 보여준다. 우리는 공산주의의 위협이라는 두려움도 극복해야 한다. 이미 공산주의는 우리를 위협하는 실질적인 세력이 아니다. 유일하게 북한에만 남아 있는 세습 전체주의적인 공산주의 때문에 겁을 내는 것은 가상의 세계를 사는 것과 다를 바가 아니다. 아니면, 자신의 욕망을 위해 반공주의를 이용하려는 것이다. 체험적인 반공주의자라면 그나마 이해할 수 있는 측면이 있겠지만, 그것이 아님에도 반공주의에 열을 올리는 것은 정치라는 힘을 숭배하고, 자본에 굴복한 교회의 모습을 보여주는 것이라고 말할 수밖에 없다. 교회 밖의 사람들은 교회의 이런 행태를 정확하게 간파하고 있다. 교회가 반공주의를 극복하지 못하면 복음을 전하는 것이 아니라 정치판을 기웃거리게 되고, 자칫하다가는 극우 파시즘을 키워 우리 사회에 전쟁과 방불한 끔찍한 해악을 끼치게 될 것이다. 한국 개신교회는 하루라도 빨리 반공주의에서 벗어나야 한다.

참고자료

강인철, 『경합하는 시민종교들』, 성균관대학교출판부, 2019.
_____, 『한국의 개신교와 반공주의』, 중심, 2007.
김득중, 『빨갱이의 탄생』, 선인, 2009.
김양선, 『한국기독교해방십년사』, 대한예수교장로회 총회종교교육부, 1956.
김용민, 『한국 개신교와 정치』, 소명출판, 2016.
김진호, 『대형교회와 웰빙보수주의』, 오월의 봄, 2020.
니콜라스 월터스토프(홍병용 역), 『정의와 평화가 입맞출 때까지』, IVP, 2007.
배덕만, 『한국개신교근본주의』, 대장간, 2010.
백선엽, 『실록 지리산』, 고려원, 1992.
송인규, 「극우적 사고-정체, 형성 및 복음주의적 평가」, 『태극기를 흔드는 기독교인』, IVP, 2021.
실라 미요시 야거(조고은 역), 『애국의 계보학』, 나무연필, 2023.
안용준 엮음, 『산돌 손양원목사 설교집』, 경천애인사, 1962.
윤정란, 『한국전쟁과 기독교』, 한울, 2015.
추대화, 『권력과 신앙-히틀러 정권과 기독교』, 씨코북스, 2012.
칼 트루먼(김재영 역), 『진보보수 기독교인』, 지평서원, 2012.
한국기독교역사연구소 북한교회사 집필위원회, 『북한교회사』, 한국기독교역사연구소, 1996.
한신대학교 학술원 신학연구소, 『한국 기독교인의 정치 사회 의식 조사』, 한울아카데미, 2004.

5장

설교 강단에서 정치문제를 어디까지 포함할 수 있을까?

최정복

설교가 복음적이려면 정치적이어야 한다. 복음은 성도들이 살아가는 현실과 동떨어진 것이 아니기 때문이다. 그러나 여기에는 긴장이 존재한다. 한편으로는 본향을 향해 나아가는 나그네임을 인식시키면서 세속화를 경계하도록 해야 하고, 다른 한편으로는 선한 그리스도인의 역할을 감당하도록 적극적으로 정치에 참여하게 해야 한다. 그러므로 우리는 일방적으로 어느 한쪽에 치우친 선동적 설교를 피하면서 화해와 통합, 비판과 견제에 충실한 바람직한 정치 설교를 모색해야 한다. 신앙고백적 정치 설교가 그 대안이 될 수 있다.

정치에 빠진 교회

1. 설교에서 정치문제를 다룰 수 없는가?

하나님은 온 세상을 창조하시고 보존하시고 다스리신다. 그리고 첫 사람 아담에게는 그 모든 것을 '다스리라' 명령하시며_{창1:28}, 하나님의 창조 세계를 다스리는 통치자, 곧 왕 같은 제사장으로 세우셨다. 이처럼 처음부터 인간은 통치자로 창조되었다. 특별히 이 직무를 잘 수행하도록 하나님께서는 자기 형상, 곧 하나님의 형상을 따라 인간을 만드셨는데, 이는 하나님의 '의와 거룩함과 지혜'〈웨스트민스트 소교리문답〉10문답을 허락하셨다는 의미이다.[1] 첫 사람 아담은 이처럼 다스리는 존재, 곧 정치적 존재로 창조되었다.

타락 이후로 아담의 후손들은 '통치자의 지위'를 잃어버렸다. 그럼에도 불구하고 하나님께서는 아브라함, 이삭, 야곱에게 이 형상과 지위의 회복을 목표로 하는 그분의 계획을 알려주셨다. 특히 언약의 후손을 통하여 온 세상에 복이 되는 위대한 국가를 세우시겠다고 약속하셨다. 그러므로 모세를 통해 출애굽한 이스라엘은 이제 하나님의 거룩한 나라를 건설함으로써 온 세상을 섬기는 제사장 나라의 역할을 수행해야 했다. 이 역할을 보여주는 것이 율법이다. 그들은 율법에서 가르치는 의와 거룩과 지혜로 나라를 다스리는 사명을 받았다. 이스라엘 백성은 하나님의 율법을 따르는 특별한 정치 체제를 구성해야 했다. 즉 이스라엘은 타락한 이방 나라들

---

1. 〈웨스트민스터 소요리문답〉 10문답 참조.

과는 구별된 정치 체제였다.

하지만 구약의 이스라엘 역사를 보면 이방 나라의 타락한 정치 형태를 벗어나지 못했다. 그들은 율법의 정신, 곧 공의와 정의를 시행하지 못했다. 그러므로 하나님께서는 선지자들을 통해 타락한 지도자들을 책망하게 하셨고, 그들을 바벨론 포로가 되게 하셨다. 하지만 선지자들을 통하여 새로운 희망의 메시지를 전하게 하셨는데, 그것은 바로 메시아가 오면 성취될 새 언약의 시대였다. 새 언약이 성취되면, 사람들의 마음에 성령이 임하므로 율법이 그 마음에 기록되며, 즐거이 율법을 수행하게 될 것이다. 선지자들은 공의와 정의가 실현되는 메시아 공동체의 탄생을 소망하였다. 이처럼 구약의 소망은 다분히 정치적이었다.

그리고 마침내 그리스도께서 구약의 소망을 성취하기 위하여 이 땅에 사람 되어 오셨다. 그리고 그리스도께서는 이 땅에 '교회'를 세우셨다. 교회는 머리 되신 그리스도의 통치 아래 직분자들의 섬김을 받는다. 직분자들은 예배를 섬기며, 함께 떡을 떼며, 서로 교제하면서 삼위 하나님의 임재 안에서 영원한 하나님 나라의 기업을 약속받는다. 교회는 그 안에서 그리스도의 형상을 따라 의, 거룩, 지혜를 회복한 새로운 정치 체제를 시작하지만, 그 정치는 '영적'이며, 세속적 정치와는 구별된다. 설교와 성례, 봉사와 구제, 교제를 통해 '신앙고백적' 삶을 살아가게 한다. 그러므로 교회의 정치는 세속적 정치와는 구별된다. 하지만 온 세상의 머리이신 예수 그리스도의 통치가 온 세상에 임하기를 기다린다는 점에서, 그리스도인은 완전히 새로워진 정치 변혁을 소망하는 주체이기도 하다. 성경은 결국 교회가 '새 하늘, 새 땅'에서 왕 같은 제사장으로 '다스리게 될 것'이라고 제시한다.

분명한 것은 교회가 이 세상의 정치와 무관할 수 없다는 것이다. 그리스도인 역시 사회 속에서 살아가고 있으며, 이곳에서 의롭고 선한 행실로 하나님께 영광을 돌리라마5:16; 벧전2:12는 소명을 받았기 때문이다. 교회는 국가와 같은 세속 정부로부터 독립된 기관으로 신앙고백을 보존하고 전수하기 위하여 존재하지만, 동시에 하나님의 말씀에 담겨 있는 의, 거룩, 지혜를 가지고 세상을 섬기는 일 곧 이웃을 유익하게 하는 일을 해야만 한다. 그러므로 현실적으로 교회의 성도는 하나님의 통치 아래 그 완성된 나라를 소망하고 기다리면서, 동시에 세상 속에서 세상과 소통하며, 선한 일을 행할 책임을 가진 일원으로 존재한다.

설교는 분명 세상 속에서 교회의 사명을 포함한다. 즉 목사는 교인들이 자신의 신앙고백을 세우는 일, 예배와 봉사와 교제가 활발히 일어나도록 살피는 일, 장차 완성될 하나님 나라를 대망하는 일에 힘써야 하지만, 교인들이 세상으로 파송되어 정치적 소명을 다하는 일을 하도록 설교하는 일 역시 간과해서는 안 된다. 결국 설교는 정치문제를 다루지 않을 수 없다. 그리스도인이 세상에서 복음적 사명을 감당하려면 결코 정치라는 현실에서는 무관심해서는 안 되며, 정치 참여자가 되어야 하기 때문이다. 이를 위해 설교자는 세상 정치의 일들을 성경의 가르침에 근거하여 의심하고 분별하고 판단할 수 있어야 한다.

2. 교회는 정치문제를 어떻게 다루어야 할까?

교회와 정치문제를 다룰 때, 자주 등장하는 이론이 영역 주권에 관한 아브라함 카이퍼Abraham Kuyper, 1837~1920년의 가르침이다. 김재윤 교수는 카이퍼의 사상을 다음과 같이 시의적절한 것이라고 평가한다.

> 카이퍼는 교회가 국가나 시민사회에 대해서 지배권을 가질 수 없다는 사상과 함께 국가 또한 교회의 자유에 대해서 침해할 수 없다는 사상을 표현하기 위해 다원성을 옹호하였기 때문이다. 동시에 카이퍼는 가장 엄격한 고백적인 교회만이 하나님의 일반은총을 통해 국가와 사회의 발전에 가장 건강하게 영향력을 행사할 수 있다는 원리를 제시함으로써 재세례파나 경건주의적인 이원론을 극복하고 교회가 사회에 대해 가지는 책임감을 호소하였다.[2]

교회는 무엇보다도 가정이 하나님께서 세우신 기관임을 믿도록 가르쳐 왔다. 가정은 교회와는 구별된 영역이다. 하지만 교회는 가정생활의 원리를 끊임없이 제시해 왔다. 그러므로 사회에서 건강

---

2. 김재윤, 『개혁주의 문화관』(SFC출판부, 2015), 116쪽.

한 가정을 세우는 시민들이 많아지도록 '건강한 가정이 무엇인가'에 대한 영적·도덕적 자양분을 제공하고자 했다. 특히 성경이 가르치는 순결을 강조함으로 기독교 가정이 세상의 음란한 문화를 극복하게 하되, 영적·도덕적으로 승리한 기독교 가정이 다른 일반 가정에 선한 영향을 끼칠 수 있다. 이것이 기독교 가정이 세상에서 살아가는 방식이다.

두 번째는 교육이다. 교육 역시 교회와는 구별된 별도의 영역이다. 그러나 아브라함 카이퍼는 교육적 영역에 유익이 되도록 필요한 영적·도덕적 자양분을 교회 구별된 영역이지만 제공할 수 있다고 보았다. 이는 교회가 직접 학교를 세우거나 교육 영역을 장악해야 하는 것이 아니라, 다양한 교육이 이루어지는 세속 사회 속에서 기독교적 교육이 빛을 발해야 한다는 의미다.

물론 이러한 아브라함 카이퍼의 사상에서 비판할 점이 없지는 않다. 클라스 스킬더 Klass Schilder, 1890~1952년는 인간의 죄에 대한 인식에 있어 카이퍼보다 훨씬 더 비판적이었다.[3] 스킬더는 오히려 신앙인의 활동과 죄인들의 활동 사이의 괴리에 더욱 주목했다. 그렇다고 세상의 활동과 그리스도인의 활동을 이분법적으로만 본 것은 아니었다. 그는 세상 문화에 존재하는 죄의 심각성을 지적하면서도, 중생한 그리스도인들이 세상에서 그리스도를 위해 일하는 직분자가 되어야 한다고 주장했다.[4] 이 빛은 비록 미미할지라도 신앙고

---

3. 위의 책, 154쪽.
4. 위의 책, 159쪽.

백을 따라 하나님을 예배하는 일이며, 그리스도 안에서 직분을 행하는 일이다.[5] 이처럼 교회는 신앙고백을 따라서 가정을 지키고, 자녀를 교육하며, 세상에서 직분자로 살아가도록 설교해야만 한다.

반드루넨David M. VanDrunen은 좀 더 날카롭게 그리스도의 왕국과 세상의 왕국을 대비한다. 그는 카이퍼와 같은 신칼빈주의자들이 가진 문화적인 열광주의를 경계했다.[6] 그는 세상의 왕국이 가진 일시적인 성격과 목적을 직시하도록 하였다. 종말론적이고 영적인 그리스도의 왕국에 더 집중하고 충실하면서 세상을 날카롭게 비판하는 시민으로 살아가야 한다고 주장했다. 한편으로는 시민적 삶을 긍정하지만, 다른 한편으로는 다원화되고 다층화된 시민사회에서 나그네와 행인으로 살아가야 한다. 물론 그리스도의 왕국인 교회에서 적극적인 행동을 실천하는 삶과 양립이 가능하다.[7]

이상에서 살펴본 내용은 각각 강조점이 다르긴 하지만, 모두 교회의 신앙고백을 강조한다는 점에서는 일치한다. 교회가 성도들로 하여금 그리스도의 제자로서 정치에 참여하게 하려면 그 무엇보다 신앙고백에 튼튼한 교회 건설이 일차적이다. 즉 설교자는 교회의 머리이자 만물의 머리이신 그리스도와의 관계 속에서만 교회는 정치에 관하여 설교할 수 있다. 세상을 창조하시고 교회를 구속하신 그리스도의 은혜에 기초하여 성도들은 그리스도께서 주신 사명을

---

5. 위의 책, 173쪽.
6. 위의 책, 188쪽.
7. 위의 책, 193쪽.

비록 제한적이지만 겸손히, 그리고 담대하게 수행할 수 있다.

3. 미국식 정치 참여 모델의 문제점

지난 선교 역사를 고려하면, 한국의 많은 기독교인들이 미국의 기독교에 영향을 받은 것은 이상한 일이 아니다. 비록 그 영향력이 점차 쇠퇴하고 있다고 할지라도 중동, 아시아, 유럽 그 어느 국가보다 미국 사회가 가진 기독교적 영향력이 이처럼 강력한 국가는 흔치 않아 보인다. 특히 기독교 우파의 영향력이 엄청나다.

물론 정치적 보수 기독교인들의 가장 화려했던 전성기는 지나간 것처럼 보인다. 과거 그들은 미국의 주류 문화를 형성하면서 동성애를 부끄러운 것으로 여기도록 했으며, 부부관계가 불행할 때에도 가정을 유지하도록 주장했으며, 낙태에 반대하면서 교회에 대한 높은 관심을 유지시켰다. 교회의 교리가 수용되지 않더라도 존중되었고, 목사들의 우월하고 영향력 있는 지위가 인정되었다. 그들은 미국이 기독교 국가라는 믿음 속에서 기독교적 유산을 자랑스럽게 여겼다. 학교, 자선단체, 병원 같은 기관들이 기독교의 영향 아래 설립되었다고 생각한다. 그런 기억 속에서 보수 기독교인들은 동성애, 가족의 붕괴, 낙태의 확산 등을 '타락'이라고 이해하며, 이를 매우 암울하게 인식한다. 그리고 이러한 '타락'의 책임을 여성조직이나 낙태 권리를 지지하는 시민단체, 인권변호사 협회 등 시민단체들과 정치인들에게 묻는다.[8] 이러한 배경에 세속적 자유주의가 있다고 믿고, 그들이 사법부를 장악하고 "사법체제"를 남용한 '사법 독재'의 결과 비도덕이 만연하게 되었다고 주장했다.[9] 그들은 성경적 남성성, 성경적 여성성을 가진 자신들이 공격받고 있다고 생각한다. 그리고 자신의 자녀들이 뉴스미디어 등으로부터 '반기독교적 편견'을 강요받는다고 주장한다. 동성애자 회원권을 거부함으로 인해 살해 위협을 받거나 도리어 회원권을 박탈당하고, 고소당하거나 벌금형을 받는다는 식의 서사는 끝없이 이어진다.[10]

이러한 피해의식은 자신들이 오히려 역차별받고 있다는 인식으로 이어지고, 언젠가 '혹독한 박해'의 시대가 도래할 것이라는 주장으로 나아갔다.[11] 그리고 이는 보수 기독교인들에게 공포와 분노를 야기하였다. 결국 기독교 보수주의자들은 그와 같은 '반기독교적' 고위직을 비판하는 것을 사명으로 여기기 시작했으며, 기독교 대중을 향하여 정치 참여를 호소하기 시작했다. 기독교적 가치를 위해 기도하고 투표하도록 장려했으며, 기독교인이라면 '유권자 등록을 하고 우리의 가치를 가장 적절하게 대표하는 후보들에게 투표하라'고 설교했다. 그들은 낙태, 줄기세포 연구, 동성애 결혼에 반대할 것을 설교한다. 이들은 공화당과 긴밀한 관계를 맺으며, 미국의 도

---

8. 제임스 데이비슨 헌터(배덕만 역), 『기독교는 어떻게 세상을 변화시키는가?』(새물결플러스, 2014), 178쪽.
9. 위의 책, 179쪽.
10. 위의 책, 181쪽.
11. 위의 책, 182쪽.

덕적 부흥을 위해 노력한다.

이러한 미국 보수 기독교가 만들어낸 결과는 '극단적 대립'이다. 민주당에 투표한다면 '기독교인이 아니다'라고 선언하기도 하고, 민주당원에게 성찬을 거부하게 하는 극단적 상황이 발생한다. 그들은 이 문화 전쟁에서 승리하고자 노력하며, 정치에 큰 희망을 건다.[12] 이러한 정치활동은 미국 문화를 갱신할 것이라 믿으며, 아이들을 보호하고, 안전한 환경을 조성하며, 미국 내 신앙의 자유를 지킬 수 있다고 주장한다. 그 전제 조건은 '투표'다. 이런 이유 때문에 "우리는 분기점에 서 있다!"라고 주장하곤 한다. 많은 기독교 단체들이 동맹하여 조직적인 사회 운동을 전개한다. 그들은 역사의 전환점을 마련하기 위하여 '적', '추방', '전복' 혹은 "그리스도를 위해 회복하라", "탈환하라" 등 분노, 적대감이 깃든 언어를 사용한다.

하지만 미국은 기독교 진보주의자들의 활동도 만만하지 않다. 구약의 선지자들이 외친 예언을 인용하여 가난한 자들을 착취하고 소외시킨 부자들을 비난한다. 그들은 여성의 권리를 위해, 흑인의 권리를 위해 적극적으로 단체를 만들어 사회에 참여했다.[13] 비록 보수주의 기독교의 성공에 비해 분투하고 있지만, 민주당 역시 신앙적 언어와 문법을 배우기 시작했다. 그들은 이제 예수가 '지극히 작은 자 한 사람'에게 행한 것으로 심판을 받으리라는 식으로 말하기 시작했다. 불평등을 반대하며, 노예제와 같은 차별에 반대하고,

---

12. 위의 책, 194쪽.
13. 위의 책, 206쪽.

최저 빈곤 계층을 향한 대책을 요구했다. 빈곤을 내버려둔다면 '하나님의 진노'가 임할 것이라는 식으로 말한다거나, 환경문제나 이민문제 등에 대해 선지자들의 말을 인용하여 '정의로운 결정'을 요구했다. 특히 이들은 복음주의 우파가 '부자들의 편만 들고 있다'며 적대감을 키웠고, 예수의 가르침을 왜곡했다고 비난했다. 심지어 우파를 '사악하고 군사적이고 인정머리 없는 우익열심당 깡패' 등으로 부른다.[14] 이들 역시 분노의 언어를 사용하곤 한다. "하나님은 불평등을 혐오하신다"라는 식의 설교가 그러하다. 보수 기독교와 마찬가지로 이들에게도 상처와 피해의식이 존재한다. "나는 기독교가 우리나라를 분열시키고 독선과 전쟁을 부추기는 데 사용되었다는 사실에 당혹감과 분노를 느낀다"라고 말한다.[15]

그런데 문제는 보수 기독교와 진보 기독교가 모두 권력 추구 과정에 이용당하고 있다는 점이다. 보수 기독교는 공화당에, 진보 기독교는 민주당에 이용당한다. 각 정당은 종교 담당 부서를 두고 '관리'하며, 이미지를 만들어내고 이를 광고한다. 이들이 사용하는 신앙언어는 표를 끌어모으기 위한 방법일 뿐이라는 것이 안타까운 점이다. 정당의 최종 목표는 기독교 국가 건설이 아니다. 그들의 목표는 권력이다. 그런데도 기독교인들은 이러한 공포 마케팅에 기반한 정치적 이용을 '신앙적'이라고 굳게 믿는다. 분노와 두려움 때문에 세상에 빛과 소금 역할을 해야 할 교회가 '당파 싸움'으로 전

---

14. 위의 책, 217쪽.
15. 위의 책, 218쪽.

락했는데도 말이다. 신앙고백이 아닌, 분노와 두려움이 정치 참여의 원천이 되었기 때문이다.

여기서 우리는 미국 사회에서 교회가 정치에 적극적으로 참여함으로써 생겨난 해악에 대해 지적하지 않을 수 없다. 이들의 정치 참여는 분파적인 이념적 활동으로, 특수 이익집단의 활동으로 축소되어 버리고 말았다. 이로써 결국 '일시적으로' 목표를 달성한 후에 다시 자신들이 열망하는 목적에 부정적인 영향을 더 크게 가져왔다. 아이러니한 점은 정치적 책임을 다하기 위해 참여하는 그 행동들이 오히려 더 크고 중대한 책임을 회피하게 만든다는 것이다. 예를 들어 소수자를 지속적으로 돕고 사랑으로 변화시키려는 노력은 회피한 채, 집회에만 참여하게 하는 식이다. 집회 참여는 훨씬 쉽다. 전투적인 정치집회 참여는 오히려 기독교인 상호 간에 인격적 관계를 결여시키고, 상처와 불만을 부추긴다. 이것이 미국식 정치 참여가 가진 비극이다.

4. 교회의 권력 지향성 문제

잘못은 기독교적 가치를 지키기 위해서 특정 정당이 권력을 잡아야 하고, 특정 정치인이 당선되어야 하며, 특정 법안이 통과되는 것이 반드시 필요하다는 신념에서 나온다. 이러한 신념을 가지고 기독교 역시 권력을 지향하므로 복음의 메시지를 허물어뜨리게 된다.[16] 그러므로 기독교는 정치 자체를 하나님 나라가 도래하게 하는 수단이라고 여겨서는 안 된다. 그 점에서 반드루넨은 다음과 같이 논평한다.

> 오늘날 대다수 신자에게는 정치가 구속의 나라를 도래하게 하는 수단이라고 치켜세우는 극단적 태도가 정치를 그리스도인에게 대수롭지 않거나 무가치하다고 경멸하는 태도보다 어쩌면 더 큰 유혹일지 모른다. 흔히들 말하는 종교적 우파는 기독교의 현실 참여를 특정 정당의 강령과 동일시하고 정치 수단을 미국을 기독교 국가로 회귀시키려 한다는 점 때문에 최근 들어 강하게 비판받고 있다. 그런 비판의 대부분은 꽤 정당하다. 흥미로운 사실은 종교적 우파를 가장 극심하게 비판하는 그리스도인들 사이에서도 종교적 우파 못지않게 정치와 구속의 나라를 서로 융합하려는 경우를 많이 목격할 수 있다는 것이다.[17]

설교자도 다음과 같은 유혹을 느낀다. "복음은 이것인데… 이러한 하나님의 말씀을 따라 정의를 물같이 흐르게 하도록 정치에 적극적으로… 하게 참여해야 한다!" 정치활동을 그리스도의 왕국을 세우는 데 필요한 수단으로 여기게 하려는 것이다. 그런데 세상 정부가 예수 그리스도의 구속적 정의를 실현할 것이라고 기대하게

---

16. 위의 책, 406쪽.
17. 데이비드 반드루넨(윤석인 역), 『하나님의 두 나라 국민으로 살아가기』(부흥과 개혁사, 2012), 256쪽.

만든다면, 그것은 설교를 남용하는 것이다. 성경은 정부와 정치적 책임에 대해 보편적 원리만을 제공한다. 성경은 투표, 정당 가입, 공공 정책, 정치 전략과 관련하여 어떤 구체적 결정도 내려주지 않는다. 공공의 정책과 관련하여 그리스도인들이 서로 의견을 달리하더라도 공존할 수 있다. 반드루넨은 다음과 같이 말한다.

> 나는 윤리적 쟁점으로서는 성경이 그런 주제들에 대해 이야기하는 모든 것을 가르쳐야 하지만(그리고 그리스도인은 신앙에 대해 서로에게 책임을 물을 수 있지만, 현실의 정치적 쟁점이나 공공 정책적 쟁점으로서는 교회가 그런 주제들에 대해 침묵해야 하는 것이 일반 규칙이라고 생각한다. 이런 주제들에 대한 성경의 가르침이 정치적으로 영향을 미치는 것은 분명하다. 하지만 윤리적 쟁점이 현실의 정치적 쟁점이나 공공 정책적 쟁점으로 바뀌는 거의 모든 경우에, 신자는 성경의 명시적인 가르침을 구체적 상황에 어떻게 적용할지를 결정하기 위해 자유재량으로 판단해야 한다. 그리고 성경의 가르침을 적용하는 일이 자유재량의 문제며, 성경에 직접 명시되지 않으면 언제나 교회는 침묵해야 하며, 그리스도인은 자신의 자유재량으로 내린 판단을 다른 그리스도인의 양심에 강요해서는 안 된다.[18]

---

18. 위의 책, 262쪽.

예를 들어 교회는 낙태에 대해 설교할 수 있다. 인간 배아의 존엄성과 보호의 필요성에 대해 가르칠 수 있다. 기독교적 관점에서 낙태는 죄다. 그러나 반드루넨은 질문한다. 현실의 공공 정책적 쟁점으로서의 낙태에 대해 교회가 장려해야 하는 기독교 고유의 관점이 있을까?[19] 강간, 간음 때문에 임신한 많은 여성은 낙태가 허가되지 않을 경우 불법적 낙태 시술을 시도할 것이다. 그리스도인은 낙태가 죄악이라는 자신의 신념과 모순되지 않도록 숙고하되, 자신의 분별력과 지혜에 의존해야만 한다. 그리고 그 분별력과 지혜가 서로 엇갈릴 때, 서로에게 자신의 의견을 강요해서는 안 된다. 낙태를 장려해서는 안 되지만, 서로 다른 의견을 설교자가 섣부르게 중재하려 해서도 안 된다. "설교자는 정치 평론가에게 적용되는 어떤 역할을 자기 소명의 일부로 삼을 수 있는 권리가 없다."[20] 하나님께서 의도하지 않은 것까지 하나님의 이름으로 청중에게 요구할 위험이 있기 때문이다. 설교자는 정치적 이상을 실현하고자 하지 말고, 오직 종말론적 소망을 강조하면서 진리 선포에 집중해야 한다. 그는 순례자들을 인도하는 자로서, '거리를 두고'종말론적 긴장 궁극적 기대를 정치에 두지 않도록 설교해야 한다.

조광현 교수도 동일한 지적을 한다. 그는 정치 설교가 필요하다는 점을 인정하면서도 다음과 같이 말한다.

---

19. 위의 책, 263쪽.
20. 위의 책, 266쪽.

설교자에게 예의 바르고 겸손한 태도가 필요하다. 정치적 견해에 따라 의견이 대립할 수 있는 구체적 사안을 다루고자 할 때는 더욱 그러하다. 그뿐 아니라, 설교자가 현실 정치의 모든 구체적인 사안에 대해 전문가는 아니다. 그러므로 설교자는 정치적 문제에 있어서 그리스도인이 견지해야 하는 태도가 자신이 주장하는 오직 한 가지라는 인상을 주어서는 안 된다. 어쩌면 구체적인 사안에 대해서는 그 사안을 바라볼 수 있는 성경적 원리를 설명하고, 그리스도인들이 분별력을 위해 기도해야 한다고 말하는 편이 더 나은 선택이 될 수도 있다.[21]

설교자는 강단에서 삼위일체 하나님을 말하는 직무로 부름을 받았지, 모든 정치 사안에 대해 평론할 수 있는 권한을 부여받지 않았다. 하나님께서 모든 역사와 세상의 주관자이시기 때문에 겸손하게 의탁하는 자세를 취해야지, 특정 입장을 진리인 것처럼 선포하는 것은 오만이다. 그러므로 "설교자에게 겸손한 태도가 필요하다. 담대하나 겸손하게, 정치를 설교의 영역으로 포함하려는 설교자에게 핵심적인 덕목이다."[22]

---

21. 조광현, 〈설교학적 관점에서 생각해 보는 정치 설교하기: 담대하나 겸손하게〉, 《개혁정론》 2024년 3월 18일 기사, http://reformedjr.com/board02/1734616(2025년 5월 5일 검색).
22. 위의 글 중.

5. 그렇다면 언제 광장에 나서야 하나?

　기독교인들이 광장에 나가는 문제는 어떠한가? 사실 기독교인이 광장에 나서는 것은 불법이 아니다. 그러나 앞에서 살펴본 것처럼 신앙고백에 기반한 것이 아닌, 상처와 두려움에 기반한 전투적 집회 참여는 바람직하지 못하다. 앞에서 살펴본 미국식 정치 참여자들의 신앙고백은 창조과학, 문자적 성경 해석, 세대주의적 전천년, 사회주의에 대한 전적인 거부, 자유기업 제도에 대한 확실한 이념과 같은 정치 이념에 기초한다. 그러한 방식은 사회를 진단하고, 건설적 미래를 설계하는 데 도움이 되지 못한다. 그러나 오늘날 한국의 기독교인들이 참여하는 광장의 모습은 그런 미국식 정치 참여를 모방하는 것을 넘어 더 심한 우려를 낳고 있다. 반말, 욕설, 비하, 혐오, 가짜뉴스가 주도하고 있기 때문이다. 무엇보다도 극우 유튜버들이 전파하는 음모론을 적극적으로 선전하고 있으며, 주제 역시 반공주의가 주된 의제agenda였던 1970-80년대에 고정되어 있다. 그들의 광장은 더 이상 시민들과 소통하는 광장이 아니다. 그들은 자기들만의 고립된 세계 속에 갇혀 있다.

　바울은 아레오바고 광장에서 사람들과 논쟁하며 예수 그리스도의 부활을 변호했다 사도행전 17장. 이것은 기독교의 중요한 유산이 되었다. 초기 교부들의 문헌 중에 기독교 변증서는 그런 전통을 잘 계승한다. 세상 사람들이 이해할 수 있는 언어로 교회가 사회에 유익하며 비밀스러운 이교 집단이 아니라는 점을 설득해 나간다. 그런 점에서 기독교가 광장에 나와서 대화해야 할 대상은 각종 현대적 사상 조류라고 할 수 있다. 천박한 탐욕만을 추구하게 하는 자본주의, 공동체를 무너뜨리는 개인적 이기주의, 음란한 문화를 양산하는 방종적 자유주의 등과 논쟁을 해야 한다. 세속적 인문학과 대화하면서 사람들의 마음을 독해하고, 복음을 변증해야 한다. 사람들의 마음에 숨겨진 영적 갈망을 건드릴 수 있어야 한다. 통일 문제, 노인 문제, 저출산 문제, 연금 개혁 문제, 청년 일자리 문제, 동아시아 외교 문제, 균형적 국토 개발 문제 등에 대하여 비판적 사고와 지혜롭고 창조적인 대안을 제시할 수 있어야 한다. 이를 위하여 기독교 전통을 따라 말씀을 묵상하고meditatio, 고난받으며tentatio, 기도하는oratio 변증가를 키워야 한다.

그런데 한국교회의 현실은 어떤가? 고립된 세계 속에서 목소리를 내는 뉴라이트 단체의 소리만 들릴 뿐, 광장에서 대화하는 기독교 지성의 목소리는 잘 들리지 않는다. 교회는 정치문제에 간섭하지 말아야 한다는 '정교분리'의 원칙만 반복할 뿐, 정치적 문제에 대한 대화조차 하기 어렵다. 과거 군사독재 정부에 대해 침묵했던 한국 기독교는 정치 참여라는 미명 아래 극우의 늪에 빠져 있다. 바울이 논쟁했던 아레오바고 광장에 나서는 방법은 무엇일까?

사실 정치는 종교의 도움이 필수적이다. 종교의 도움을 통하여 통치를 안정화할 수 있기 때문이다. 유교적 통치 체제를 근간으로 했던 조선시대 역시 '하늘'을 인격화하며 제사를 지내기도 했고, 정교분리를 내세운 프랑스 혁명가들도 '이신론'에 기초한 종교적 의식을 행했다.[23] 종교를 아편이라고 주장했던 공산주의조차 독재자를 우상화함으로 일종의 종교적 의식을 행한다. 그러므로 정치는 종교의 도움을 필요로 하고, 종교는 그 유혹에서 벗어나기가 어렵다.

하지만 종교와 정치가 통합된 체제는 금새 가장 악한 체제가 되고 만다. 그들은 자유를 억압하고, 체제에 순응하지 않는 자들을 격리하며, 인류 역사에 치유할 수 없는 상처를 남기곤 했다. 이번에 윤석열 대통령이 계엄을 선포한 것 역시 그러한 시도라고 볼 수 있다. 장동민은 이 체제의 무서움을 다음과 같이 묘사한다.

"이 체제가 무서운 것은 절대적 무오류를 주장하면서 종교적 헌신을 강요한다는 점이다. 종교와 정치권력이 결합하여 가장 타락한 세계를 만든 역사적 사례는 너무 많아 일일이 사례를 들기도 어렵다."[24]

트럼프 대통령 역시 미국의 기존 정치인에 대한 비판, 공산주의 비판, 대중의 공포와 지지를 일으키는 방식으로 기독교인과 동맹을 맺고 권력을 잡았다. 그는 기독교를 이용하여 기독교인들의 지지를 받았다. 국내에서 그러한 정치의 요구에 반응한 종교 선동가가 전광훈, 손현보이다. 이들은 기독교 신앙과 정치 이념을 동일시한다. 이들이 내세우는 것은 반공 이데올로기, 반동성애, 한미동맹,

---

23. 장동민, 『광장과 골방』(새물결플러스, 2021), 151쪽.
24. 위의 책, 152쪽.

미국식 시장경제, 기독교 입국론으로 요약할 수 있다. 이러한 정치이념에 동조한 많은 정치인이 기독교와 협력했다. 국가조찬기도회에 목사들을 초청하고, 국가 중대사를 대형교회 목사들을 중심으로 한 기독교 지도자들과 논의했다. 기독교는 사회적 영향력을 꽤 많이 발휘하는 것처럼 보였다. 성장 일변도였던 한국의 경제성장과 수출 증대, 교회의 부흥을 하나님의 복과 동일시했다.

국제 정세의 변화에 따라 그러한 정치인들의 시대도 점점 저물어가고 있다. 기독교는 과거의 영광에 대한 미련을 버리지 못하고 있다. 자신들과 동맹을 맺었던 정치인과 반대편에 있는 정치인은 공산주의자다. 이러한 과거의 영광에 집착하는 기독교인들은 공산주의 정치인들이 머지않아 기독교의 박해자가 될 것이라고 선전한다. 이들은 반동성애, 반이슬람, 반정부, 반공만 외친다. 영향력을 상실할 것을 두려워하며 상실감을 느끼기 때문이다. 정작 광장에 나가서 대화해야 할 양극화 해소, 평화, 환경문제와 같은 시급한 문제에 대해서는 함구한다. 특히 노년층의 태극기 부대 참여율이 높은데, 이는 그들이 과거 국가의 수호자요 산업화의 역군이었음에도 불구하고 가난과 질병에 눌려 외로운 노후를 이어가고 있기 때문이다.[25] 극우 기독교는 이들의 감성에 호소함으로 맹목적으로 화풀이할 대상을 만들어주고서는 반대를 위한 반대를 외치게 하고 있다. 그러므로 극우 기독교가 진출한 광장은 광장이 아닌 소외의 장

---

25. 위의 책, 180쪽.

이 되고 말았다.

　기독교는 광장에서 결코 폭력과 혐오를 조장해서는 안 된다. 오히려 기독교는 광장에서 권력에 대한 정당한 비판 역할을 수행해야 한다. 이들은 권력 남용을 감시하고 비판하는 시민사회의 양심 있는 목소리가 되어야 한다. 건강한 기독교인은 깨어 있는 시민이 되어야 한다. 때로는 진보 정치를 비판하고, 때로는 보수 정치를 비판해야 한다. 일반 시민보다 더 많은 절제력과 지혜를 가지고 책임 있는 비판을 해야 한다. 어느 한쪽에 치우칠 때, 기독교 신앙과 정치 이념이 동일시되는 함정에 빠지고 만다.

　나아가 기독교는 여러 정당, 정치 이념과 협력하면서 '이상주의'가 아닌 현실적 대안을 제시하는 통합의 역할을 해야 한다. 기독교는 극단적 대립의 상황 속에서도 화해와 갈등 조정 역할을 해야 한다. 인간 지혜의 한계를 겸손히 인정하기 때문이다. 그러나 이러한 중재적 역할은 요원하다. 특히 미국은 보수 기독교와 진보 기독교가 서로 견제와 균형을 위해 노력하고 있는 반면, 한국은 일방적으로 극우 기독교가 광장에서 큰 목소리를 낸다. 온건한 입장조차 거의 들리지 않는다. 극우가 기독교를 과잉 대표하는 형국이다. 그럴수록 온건하고 지혜로운 기독교가 광장에 나와서 비판, 견제, 화해, 조율의 역할을 해야 한다. 그러므로 설교자는 광장에 나서야 한다는 점을 말할 수 있지만, 정치에 대해 열광주의를 경계해야 하고, 한계를 인식시켜야 한다. 정치의 한계를 알게 하는 것도 기독교가

광장에 나가서 해야 할 역할이라고 할 수 있다.[26]

6. 웨스트민스터 표준문서와 오늘날 바람직한 정치 설교

최근 어떤 학자들은 웨스트민스터 표준문서가 공공신학의 토대가 되지 못한다고 주장한다. 웨스트민스터 표준문서가 크리스텐덤Christendom 시대에 작성되었기 때문에 포스트 크리스텐덤Post-Christendom 시대에 적실성을 갖추고 있지 못하다고 주장한다. 장동민 교수는 포스트 크리스텐덤 시대에 적실하지 못하다면서 〈웨스트민스터 신앙고백서〉의 크리스텐덤적 성경해석법의 예시들을 다음과 같이 제시한다.[27] 기독교적 안식일로서의 주일, 맹세와 서약에 대한 고백, 국가와 교회와의 관계, 가정에 대한 고백, 교회의 권위에 대한 고백, 언약 신학, 성례론 등이다. 그는 이러한 크리스텐덤적 성경 해석이 구약과 신약의 연속성을 지나치게 강조하며, 기독교가 변방으로 밀려난 포스트 크리스텐덤 사회에 적합하지 않다고 비판한다. 물론 이러한 비판에 귀를 기울여야 할 지점이 없지 않다.[28] 예수님의 산상수훈에 나타나는 제자도를 급진적으로 강조하는 재세례파적 접근이 때로는 유용할 수 있고, 또한 그러한 접근이 선교

---

26. 위의 책, 167쪽.
27. 장동민, 『포스트 크리스텐덤 시대의 한국 기독교』(새물결플러스, 2019), 227-267쪽.
28. 국가가 이단을 막아야 한다는 가르침은 종교의 자유가 보장된 나라에서는 적용할 수 없음은 분명하다.

적 돌파에 유용한 전략일 수 있다.

하지만 장동민이 비판하는 것처럼, 〈웨스트민스터 신앙고백서〉가 크리스텐덤적 관점에서만 성경을 해석한 것은 아니다. 사실 기독교적 안식일로서 주일은 크리스텐덤 이전에 초대교회로부터 지켜온 교회의 전통이다.[29] 서약과 맹세에 관한 내용 역시 예수님의 산상수훈에 담긴 가르침을 무시하고 크리스텐덤적 해석만 한 것으로 볼 수는 없는데, 이는 고백서의 작성자들이 모든 맹세를 거절하는 재세례파의 신학을 거절했기 때문이다. 오히려 신자는 결혼, 임직 등 엄숙한 맹세를 지키는 신실함을 입증하고, 맹세의 의미가 퇴색된 포스트 크리스텐덤 시대에 신뢰할 수 있는 증인으로 살아갈 수 있다. 또한 그의 비판대로 1인 가족 제도가 급증하는 시대 속에서 '가정의 질서'를 다루는 고백서의 내용은 현대인들에게 그리 '와 닿지 않는' 내용일 수 있지만, 여전히 하나님의 창조 질서를 따라 가정의 질서를 지키고 싶어 하는 사람들이 많은 것도 사실이다. 사회적 강제 수단이 전혀 없는 권징을 여러 교회와 교파들이 경쟁 관계에 있는 오늘날 시행하는 것이 별 의미가 없어 보인다 해도, '선한 일을 권하고' '악한 일을 징계하는 일'을 교회가 멈출 수는 없다.

---

29. 속사도 시대의 문서 ⟪디다케⟫는 "매 주님의 날, 그분의 특별한 날"에 모여야 한다고 가르치며, 안디옥의 감독 이그나티우스의 감독이 '마그네시아인들에게' '안식일을 준수하지 않고 주의 날을 따라 삽니다'라고 편지하였으며, 이것이 신앙의 하나됨과 교회의 통일성을 유지하기 위하여 중요한 문제라고 가르친다. 또한 순교자 유스티누스는 ⟪제일변증서⟫에서 당시 이교적 용어인 '일요일'에 교회 모임이 열린다고 말하면서 그 이유가 '하나님께서 어둠과 물질을 변화시켜 이 세상을 만드신 첫날이기 때문'이라고 강조한다. 즉 크리스텐덤 이전부터 기독교가 주일에 모여 예배하는 것을 변증해야 할 중요한 기독교적 가치를 담고 있는 것으로 인식했음을 알 수 있다.

이렇듯, 〈웨스트민스터 신앙고백서〉의 내용은 표면적으로만 다루어 비판할 수는 없다. 성도들의 신앙의 성숙과 선교를 위하여 고민해야 할 내용이 많지만, 크리스텐덤 시대와 포스트 크리스텐덤 시대를 과도하게 분리하는 것도 주의해야 한다.

오히려 우병훈 교수는 웨스트민스터 표준문서가 여전히 적실하다고 주장한다.[30] 물론 앞서 지적하였듯이 크리스텐덤 시대에 국가와 사회의 개혁을 추구했던 당시와 지금 우리가 살아가는 현대 사회를 동일시할 수는 없다. 그러므로 우병훈 역시 오늘날에 그대로 적용할 만한 공적 메시지를 직접 찾을 수 없다는 점을 인정한다.[31] 그럼에도 그는 웨스트민스터 표준문서가 일관성 있는 토대로서 공적 신학을 제공한다고 주장하는데, 가장 공공신학적 함의를 풍부하게 담고 있는 것이 대교리문답이다. 우리는 대교리문답의 안내를 따라서 정치 설교에 관하여 다음과 같은 몇 가지 함의를 생각할 수 있다.

첫째, 이 세상에 존재하는 죄를 깊이 인식해야 하는데, 성경을 따라 비판적 거리두기를 하면서 본성의 빛옳고 그름에 대한 이성적 추론을 따라 세상일을 분별하도록 해야 한다. 웨스트민스터 문서는 성령의 조명을 통해 성경을 깨닫고 자신의 죄를 자각하여 회개할 수 있다고 가르친다〈웨스트민스터 신앙고백서〉 1장, 〈웨스트민스터 대교리문답〉 4문.[32] 그러

---

30. 우병훈, 『기독교 윤리학』(복있는사람, 2019), 292쪽.
31. 위의 책, 293쪽.
32. 대한예수교장로회총회, 『헌법』, 39-42, 91-92쪽.

므로 설교자는 정치 설교를 하고자 할 때, 반드시 성경의 일반 원리를 설교해야 하고, 그러한 일반 원리를 따라 성도들 각자 가진 이성적 추론을 따라 상황을 분별하도록 해야 한다. 즉, 성도의 정치 참여에 관한 일반 원리는 설교할 수 있지만, 개별 사안에 대하여서는 각 사람이 가진 사회 윤리, 정치 경제학, 사회학적 방법론과 지식을 사용하여 분별하도록 해야 하는 것이다.

둘째, 보편교회 안의 다양성을 인정하면서 대화와 타협을 모색하도록 설교해야 한다. 오늘날 사회는 다원화된 사회다. 우리가 참여하는 많은 정치적 측면이 절대적인 선, 악으로 구분하기 어렵고, 상대적으로 판단할 수밖에 없다. 교회가 머리이신 그리스도의 몸이라면 여러 다양한 견해가 있을 수 있다. 진보적 그리스도인만으로 이루어진 교회가 거의 있을 수 없고, 보수 그리스도인만으로 이루어진 교회도 거의 있을 수 없다. 다양한 계층, 연령, 지역, 그리고 다양한 문화적 배경을 가진 성도들이 함께 모인다. 이런 상황 속에서 설교자는 다양성을 용인하고, 믿음이 강한 자가 믿음이 약한 자를 참아주며, 서로 나보다 남을 낮게 여기도록 설교해야 한다. 유연성을 발휘해야 한다. 그렇지 않고, 일방적으로 상대편을 악마화, 사탄화 하는 극단적 발언은 결코 해서는 안 된다.

셋째, 자신의 생각에 오류가 있을 수 있다는 점을 겸손히 인정하면서 하나님의 섭리를 바라보며 참고 인내해야 한다. 개혁주의 신앙고백서들은 하나같이 인간의 죄가 '이 땅에서 가장 선한 행위'에도 여전히 남아 있다고 가르친다. 전인이 전적으로 타락한 인간은 하나님의 은혜로 회복된 이후에도 여전히 하나님의 계명을 온전히 지킬 수 없다. 이것은 공적 영역에서도 마찬가지다. 하나님께서 공의로 사탄을 영원히 멸하시고, 죄를 완전히 사라지게 하시는 날은 '재림날'에만 가능하다. 우리는 그것을 믿으며, 각자 주신 지혜대로 우리의 일을 감당할 뿐이다.

이러한 원리들을 기준 삼아서 설교한다면, 〈웨스트민스터 신앙고백서〉>크리스텐덤적 성경 읽기에 기반한 시대착오적이라고 오해받을 수 있는는 오히려 정치 설교의 중요한 도구가 될 수 있다. 신자들은 건전한 주일 성수를 통해 쾌락주의적 세상 문화, 이기적이고 탐욕이 가득한 자본주의 소비문화, 개인주의적인 현대 도시인들의 삶과 다른 방식의 삶이 가능하다는 것을 보여줄 수 있다. 주일 성수가 '억압적 강제'가 아닌 '축제적 특권'이 될 때, 세속적 정치인들을 비판적으로 볼 수 있는 안목을 가질 수 있다. 부모 공경을 윗사람, 아랫사람, 동등한 사람 사이에 행해야 할 기독교적 의무들을 가르치는 부분 역시 마찬가지이다. 이러한 가르침은 탈권위주의 시대에 오히려 유용하다. 사회에 만연한 갑질 문화, 무례한 태도, 연고주의, 지나친 경쟁을 비판하면서 평등, 장애인 정책, 가족 정책, 소수자들의 권리문제에 대해 올바른 식견을 함양시킬 수 있다.[33]

가장 중요한 것은 이러한 공적 관심을 배양하는 설교를 통해 "믿음으로 살아야 한다"라는 것을 가르치는 일이다.[34] 결국 신자는

---

33. 우병훈, 위의 책, 307쪽.
34. 위의 책, 317쪽.

책임감 있는 삶의 활력과 에너지를 정치 이념이나 정치 그룹에서 얻는 것이 아니라, "성부, 성자, 성령 하나님의 도우심과 은혜를 공적 삶의 현장에서 느끼고 경험하도록" 도와주도록 해야 한다.[35]

7. 하늘의 관점으로 지상적 일들을 해석하는 설교

설교자 역시 정치적 존재이다. 이 말은 설교자의 정치적 관점이 설교에 스며들 수 있다는 것을 의미한다. 하지만 '정치 설교가 가능하다'는 것이 여기에서 출발하지는 않는다. 설교는 우리 자신의 생각을 가르치는 장소가 되어서는 안되기 때문이다. 설교는 우리 자신의 정치적 의도를 투영하는 도구가 아니다. 오늘날 정치 중독에 빠진 설교자들이 이 원칙을 심각하게 무시한다. 교회와 정치가 지나치게 가까울 때 심각하게 타락한 무수한 교회의 역사를 잊은 채 끊임없이 정치 설교를 한다. 보수 정당을 신격화하기도 하고, 진보 정당을 이상화시키기도 한다.

우리는 하나님께서 모든 정치적 정당 위에 계심을 안다. 그러므로 지상의 관점을 가지고 설교하는 대신에 하나님께서 가져오실 영원한 나라의 관점에서 설교해야 마땅하다. 이것은 복음을 통한 성도들의 믿음의 성숙이 가장 우선한다는 것을 의미하기도 한다. 물론 믿음의 성숙은 사회정치적인 사안에 대한 분별력을 가져다준

---

35. 위의 책, 같은 곳.

다. 우리의 목표는 성경의 교훈이 성도들의 마음과 삶에 뿌리내려 세상에 유익한 정치 참여자가 되게 하는 것이다. 하나님 나라의 복음이 가장 흥왕할 때, 영혼들이 구원으로 인도함을 받을 뿐 아니라, 사회적 이익도 증가할 것이 분명하다. 이러한 기대와 소망을 가지고 우리는 '성경적' 정치 설교를 해야 한다. 우리의 왕은 하늘과 땅의 권위를 가지신 분이기 때문이다.

참고도서

김재윤, 『개혁주의 문화관』, SFC출판부, 2015.
우병훈, 『기독교 윤리학』, 복있는 사람, 2019.
장동민, 『광장과 골방』, 새물결플러스, 2021.
_____, 『포스트 크리스텐덤 시대의 한국 기독교』, 새물결플러스, 2019.
조광현, 〈설교학적 관점에서 생각해 보는 정치 설교하기: 담대하나 겸손하게〉, 《개혁정론》, (http://reformedjr.com/board02/1734616)
제임스 데이비슨 헌터(배덕만 역), 『기독교는 어떻게 세상을 변화시키는가?』, 새물결플러스, 2014.
데이비드 반드루넨(윤석인 역), 『하나님의 두 나라 국민으로 살아가기』, 부흥과 개혁사, 2012.

6장

일가 김용기의
시대 인식과 신앙적 행동

오세택

일가 김용기 장로는 한평생을 격변의 한국 현대사를 관통한 사람이다. 1908년에 태어나 1988년에 돌아가시기까지 한국 사회는 정치 사회적으로 정신과 영적으로 혼돈 그 자체였다. 그런데 일가 장로는 태산처럼 흔들리지 않았으며 국가와 교회뿐만 아니라 국민 개개인의 삶의 이정표가 되었다. 그 비결은 자신의 죄인 됨과 무능을 인정하고, 하나님의 말씀만이 참과 진리임을 믿고 순종한 것에 있다. 자기를 부인하고 십자가를 지는 믿음, 곧 다시는 자기를 위해 살지 않고 오직 그리스도와 타자를 위해 사는 것을 십자가 부활로 주어지는 생명이며 구원이라고 믿은 것에 있다. 일가 장로의 삶은 방향을 잃은 오늘의 한국교회에 희망이 되리라 확신한다.

정치에 빠진 교회

1. 들어가는 말

일가 김용기 장로는 격변의 한국 현대사를 통으로 살아낸 사람이다. 1908년에 출생해서 1988년에 소천했으니 그럴 만도 하다. 일가 장로의 시대 인식과 신앙적 행동을 시대별로 나누어서 정리하고, 그의 인식과 행동은 어디에서 기인한 것이며, 그의 삶의 가치를 기독교적인 관점에서 정리해 보려고 한다. 시대구분은 일가 장로의 생애에 맞추어 편의상 정치 사회적 기준으로 일제강점기 1908~1945년, 해방 및 정치적 혼란기 1945~1961년, 군사적 근대화기 1961~1979년, 민주화와 고성장 소비기 1979~1988년로 구분하겠다.

2. 시대별 김용기의 인식과 행동

1) 일제강점기(1908-1945년)

일제강점기 동안 정치 사회적 상황을 이야기하자면 끝이 없다. 그러나 가장 잔혹하고 특히 기독교 신자들에게 고통스런 두 가지 상황만 든다면 창씨개명과 신사참배라 할 수 있다. 창씨개명은 민족의 정신을 말살하자는 것이고, 신사참배는 양심과 영혼을 국가주의 아래 묶어 두겠다는 것이었다.

이 두 가지 억압에 대해 일가 장로는 한 치의 타협이나 물러섬이 없었다. 자신의 집 대문에 '김용기'란 문패를 달고 있었으며, 그와 그가 장로로 섬겼던 봉안교회는 신사참배를 거부했다. 이 두 가지 거부는 일본의 국기國紀를 흔드는 행동이기에 주재소로 끌려가서 고문받는 일이 일상이 되었다. 취조받을 때마다 그의 답은 한결같았다.

"나는 조선인으로 이름을 바꿀 수 없다!"

"나는 하나님을 믿는 사람으로 사람을 신으로 추앙하는 의식을 따를 수 없다. 조선사람들이 참배를 해도 속으로는 욕하고 있다. 날 내버려 두면 일본을 위해서 살아계신 하나님께 기도할 것이다!"[1]

그러면서 일가 장로는 조국의 독립을 위해 여러 활동을 모색하고 실천하던 중, 빼앗긴 주권을 다시 찾기 위해서는 조선 사람이 일본 사람보다 더 성숙하고 잘살아야 한다는 신념을 갖고 일종의 계몽운동인 이상촌운동을 전개한다. 그가 꿈꾸었던 이상촌의 모습은 이러했다.

"마을은 오곡이 익어가며, 과수들의 꽃이 만발하고, 벌과 나비가 춤을 추고, 집집마다 젖 짜는 양이 있고, 교회가 있고, 마을 사람들은 모두 하나님을 믿어 형제자매가 되고, 모두가 근로하여 생산함으로써 경제적으로 풍족한 생활을 영위하고, 하나님을 공

---

1. 임영철, 『일가 김용기와 가나안 이상촌 운동』(아름다운 동행, 2009), 228-229쪽.

경함으로써 정신적, 영적 안위를 얻을 수 있는 에덴동산의 재현이다."[2]

이 이상촌은 1932년 그의 고향이었던 경기도 양주군 와부면 능내리에 건립되었다. 한국전쟁으로 잿더미가 되고, 서울 구기리에서 새로운 농촌운동을 위해 삼각산 농장을 개설할 때까지 많은 성과를 내며 건재했다.[3]

이상촌이 한창 전개되고 있던 1942년 어느 날 조선총독부 정무총감이었던 엔도 류사쿠가 이 이상촌을 찾게 된다. 이유는 이상촌에서 고구마를 12개월 동안 보관하는 법을 발견했다는 소문을 확인하기 위해서였다. 엔도가 실재 고구마 저장고를 보고 감동한 나머지 일가 장로의 소원이 무엇인지를 묻고, 일가 장로의 창씨개명과 신사참배를 강요하지 말라는 요구를 즉석에서 승낙하게 된다. 그 결과 일가 장로의 고향 봉안은 치외법권 지역이 된다. 그러자 국내에서 독립운동을 했던 여운형 일행이 이곳으로 피신해서 해방이 되기까지 거처로 삼게 된다.[4] 이 일이 있고 얼마 후 조선총독부로부터 '전시생활과장戰時生活課長'이란 직을 제안받지만 거부한다.[5]

일가 장로가 일제강점기에 혹독한 핍박에도 창씨개명과 신사참배를 거부하면서 일본을 사랑하고, 실제로 일본을 위해서 매일 아

---

2. 김용기, 『가나안으로 가는 길』(규장문화사, 1998), 73-74쪽.
3. 위의 책, 95-99쪽.
4. 위의 책, 108-109쪽.
5. 임영철, 위의 책, 238-239쪽.

침 기도할 수 있었던 것은 오직 말씀, 곧 '나 외에는 다른 신을 섬기지 말라'는 말씀과, '원수를 사랑하라'는 말씀출20:3-4; 신5:1-3; 마5:44 때문이었다.

2) 해방과 분단, 그리고 혼돈기(1945-1961년)

해방의 기쁨도 잠시, 한국 사회는 극한 혼란과 갈등으로 몸살을 앓았다. 한반도는 미국과 소련의 영향력 아래에서 분할되었고, 여러 정치 세력과 이념이 정당의 이름으로 등장하게 되는데, 1945년 10월 5일까지 미군정청에 등록한 정당이 205개가 넘었다고 한다. 열강의 농간으로 해방된 대한민국은 공산주의 사회주의와 자본주의 민주주의라는 이념으로 양분되었다. 그러다가 1948년, 남한에서는 이승만을 대통령으로 하는 대한민국 정부가 수립되었고, 북한에서는 김일성을 수상으로 하는 조선민주주의공화국 정부가 세워졌다. 이 두 정부는 서로의 정통성을 부정하면서 갈등하다가 한국 전쟁으로 치닫게 된다.

이 와중에 일가 장로는 남한의 기독교 대표의 일원으로 북한을 방문하고 김일성을 만나며 북한교회 실상을 조사하게 된다. 일가 장로는 이념과 사상을 넘어 서로 하나가 되자고 주장했지만, 회담의 결과는 냉소뿐이었다. 대신 핍박과 순교를 눈앞에 두고 있는 북한교회 지도자들을 위로하고 천국의 소망을 나눈 것으로 만족해야 했다.[6]

---

6. 박완, 『이것이 가나안이다』(규장문화사, 1979), 102-110쪽.

이 시기 일가 장로는 반탁운동을 하다가 미군정에 의해 체포 구금되기도 했다. 그리고 지식인들이 정치에 매달리는 현실이 실망스러워서 여운형과 결별하고 다시 농촌으로 돌아간다. 국민의 절대다수가 농민이고, 농민의 절대다수가 가난을 면치 못한 농촌을 내 버려둘 수 없었기 때문이다.

한국전쟁으로 남한의 반공 이념은 국시의 제일이 될 만큼 강화되었다. 수많은 인사가 반공이라는 이념으로 구금되고 죽임을 당했다. 이렇게 이념으로 분단이 되고 인권이 무시되는 현실에 절망한 일가 장로는 기도하는 가운데 복민주의福民主義를 주창하게 된다. 복민주의는 '빼앗지도 말고 빼앗기지도 말고 서로 나눠주며 살자'는 지극한 단순하고 명료한 생각이다. 사회주의 공산주의는 총구를 들이대고 나눠 갖자는 주의이며, 자본주의 민주주의는 자유라는 명분으로 부와 권력과 지식으로 남의 것을 합법적으로 빼앗는 주의라 규정하고, 이 민족이 참되게 살고 모든 국민이 인간답게 살기 위해서는 복민주의가 절실하다고 본 것이다.[7] 일가 장로는 이 복민주의의 당위성을 '하나님 앞에서 모든 인류는 하나다'라는 것에서 찾았다. 그러므로 서로 무한 책임감을 갖고 근로하고 봉사하고 희생하는 것이 기독교의 진수이며 예수 정신이라고 확신했다. 그리고 이 복민주의야 말로 인류가 생육하고 번성해서 땅에 충만해지는 하나님의 뜻이 실현될 수 있다고 믿었다.[8] 일가 장로는 복민주의 구체

---

7. 임영철, 위의 책, 262-263쪽.
8. 김용기, 위의 책, 90-91쪽.

적인 실천은 교회 공동체를 이루는 것이며, 그중에서도 헌금이라고 믿었다. 열심히 일해서 생산된 재화 중에 일용할 것만 자신의 것으로 취하고, 남는 것이 있다면 이웃 중 없는 사람을 위해 주신 은사로 알고 모아두었다가 나누는 것이 헌금이라고 주장했다.[9] 헌금을 나눔과 공평케 하는 수단이라는 말씀[10]을 그대로 믿고 실천했다.

한국전쟁 중 일가 장로를 이해하는 데 중요한 사건 하나가 있었다. 유엔군의 참전으로 북한군이 일시 퇴각하면서 남한의 주요 인사를 납치하거나 암살할 때였다. 북한군 일개 분대가 김용기가 기거하고 있는 형님의 집에 들이닥쳤다. 당황한 일가 장로의 형님이 '김용기가 없다'고 얼버무리고 있는데, 방 안에 있던 일가 장로가 문을 박차고 나와서 북한 병사들에게 "나는 지금까지 민족의 독립과 농민들의 복지를 위해서 일해 온 것이 전부인데, 무엇 때문에 나를 체포하려 왔냐?"고 호통을 치면서 설득했다. 기세에 눌려 우왕좌왕하던 병사들을 앉게 하고 형수에게 부탁해서 식사를 준비하도록 했다. 긴장이 풀린 북한 병사들이 졸자 일가 장로는 잠자리를 마련해주고 그사이 새 신발을 준비했다. 졸고 있던 그들을 깨워 근사한 식사를 대접하고 새 신발까지 신겨서 "언젠가는 하나님이 통일을 허락하실 텐데, 그때 다시 만나자"며 작별하고 떠나보냈다.[11]

일가 장로가 해방된 서울을 떠나 다시 농촌으로 갈 수 있었던

---

9. 위의 책, 98-99쪽.
10. 고린도후서 8장 14절
11. 김용기, 위의 책, 158-159쪽.

것도, 여운형과 결별하고 농민운동으로 돌아간 것도, 북한 병사를 잘 대접해서 돌려보냈던 것도, 복민주의를 정립하고 주창한 것도 다 말씀에 근거한 것이었다. 주님은 '원수를 사랑하라'고 하셨고마5:44, '누구든지 나를 따라오려거든 자기를 부인하고 십자가를 지라'고 하셨으며마16:24, '주는 자가 받는 자보다 복되다'고 하셨다행20:35. 바울은 십자가 부활 이후 '자신은 마치 죽이기로 작정된 자처럼 늘 주변부, 낮은 곳으로 갔다'고 했다고전4:9. 일가 장로는 이 말씀들을 그대로 실천한 것이다. 일가 장로는 종종 '장기쪽 같은 믿음'을 강조했다. 이는 장기쪽이 스스로 돌아다니질 않고 장기를 두는 사람의 의지대로 옮겨지는 것처럼, '인간은 스스로 판단하고 행동하는 삶이 아니라, 창조주 하나님의 뜻을 기록한 말씀으로 판단하고 행동하는 삶을 살아야 한다'고 주장했다.

그가 이렇게 생각하고 주장한 데는 특별한 경험이 있었다. 반탁운동을 하다가 서대문 형무소에 수감되었을 때, 그의 사유의 큰 전환점을 맞게 된다. 일가 장로는 해방이나 해방 이후의 한국 상황을 위해 여러 가지를 계획하고 실천했다. 그러나 자신의 의도대로 된 것이 하나도 없다는 사실을 직시하게 된다. 그러면서 작게는 자기 자신이, 크게는 역사가 하나님의 뜻 '말씀대로' 흘러가는 것이며, 자신은 오직 하나님의 뜻에 의존해야 하는 미천한 존재임을 깨닫게 된다. 그래서 그는 자신의 호를 '일가—家'라고 짓는다. 일가란 '우리 모두가 하나'라는 신앙의 고백이기도 하지만, '자신은 하나님의 집에 기름을 받는 한 마리 돼지와 같은 존재'라는 자기 고백이기도 하다. '가家'라는 단어가 집이지만 갓머리에 돼지 돈자로 된 말로 자신의 모순과 한계에 대한 고백인 것이다.[12] 이때부터 일가 장로는 기획하는 삶이 아니라 기도하는 삶에 천착하게 된다.[13]

3) 군사적 근대화기(1961-1979년)

이승만, 장면, 윤보선을 이어 국가재건최고회 의장이 되었다가 1963년 제5대 대통령이 된 박정희는 군사적 권력을 앞세워 강력한 개발정책을 펼친다. 경제개발 5개년 계획을 3차례나 추진하면서 눈부신 경제적 성장을 이룬다. 특히 1970년부터 시작된 새마을운동은 전 국민에게 희망을 준 박정희의 업적이었다.

이때 일가 장로는 잿더미가 된 이상촌을 떠나 구기리 삼각산 농장, 용인 에덴향을 거쳐 경기도 하남에 가나안농군학교를 개교하고 복민운동을 이어가게 된다. 그러면서 가나안을 찾은 박정희에게 새마을운동의 단초를 제공하게 된다.[14] 그때 있었던 의미 있는 일화를 일가 장로의 장남이었던 김종일 목사로부터 들은 바 있어 소개한다. 국가재건최고회의 회원 전원과 장관 전원, 그리고 국내 신문기자 26명을 대동하고 가나안을 찾은 박정희를 위해, 일가 장로는 가나안의 상징인 고구마로 식탁을 마련했다. 박정희가 감사의 뜻을 표하고 '먹자!'고 하자, 일가 장로가 식사 전 예식이 있으니 따

---

12. 위의 책, 114-115쪽.
13. 조용식, 『가나안, 끝나지 않은 여정』(포이에마, 2016), 42쪽.
14. 김용기, 위의 책, 247-248쪽.

라 줄 것을 요청하고, 박정희가 동의하자 긴 기도를 시작했다. 그의 기도는 언제나처럼 북한 김일성, 김정일 부자를 위한 간구로 시작되었다. 반공과 김일성을 주적으로 삼고, 자신의 정치적 정통성을 세우던 박정희라 심기가 불편했을 것을 염려한 장남 김종일 목사가 눈을 뜬 채 안절부절못하고 있었다. 아니나 다를까, 박정희를 수행했던 경호실장이 지시봉으로 일가 장로의 옆구리를 찔렀다. 그랬더니 일가 장로가 지시봉을 단호히 내리치고 기도를 계속하고 끝냈다. 그리고 가나안의 식탁 구호를 외치고 식사를 했다. 이때 박정희는 일가 장로에 대해 깊은 인상을 받았으며, 경호실장은 일가 장로를 존경하게 되었다.

경제개발이 눈부신 만큼 부작용도 컸다. 그 모든 부작용을 '군사독재'라는 말로 압축할 수 있다. 군사독재는 3선개헌도 모자라 영구집권을 위해 1974년 유신헌법이란 모순을 낳게 했다. 일가 장로는 즉각 『운명의 개척자』란 책을 편찬하면서 유신헌법을 정면으로 비판했다. 그러나 당시 중앙정보부가 먼저 알고 을유문화사에 압력을 넣어 출간을 금지시켰다. 이 사건 이후 일가 장로는 유신정국에 대해서 겉으로는 잠잠했지만 역사의 주인되신 주님께 유신정권을 심판해 달라고 기도했다. 그리고 그는 유신 독재자는 발이 공중에 떴으며, 언젠가는 종식될 것이라고 굳게 믿고 있었다.[15] 실제로 그의 예언처럼 유신정권은 5년 후 박정희가 시해당함으로 막

---

15. 이 말은 당시 정치적 상황 때문에 기록으로 남지 않았지만 일가 장로가 공공연하게 말하고 다녔던 내용이다. 필자도 직접 일가 장로로부터 이 말을 들었다.

을 내리고 말았다.

　온 국민은 유신정권이 끝나자 민주화가 이루어지길 염원했지만, 군사정권이 계속되었다. 일가 장로는 현실적 정치를 초월해서 믿음으로 복민주의를 고수했다. 역사의 주인이 하나님이시며, 인간이 아무리 사악하고 모순된 길을 고집하더라도 결국 하나님의 뜻대로 심판과 상급이 주어진다는 믿음으로 일관했다. 조국의 역사적 격변을 통해 인간 실존을 처절하게 인식한 일가 장로는 오직 거듭나는 것만이 답임을 알았기에 어떤 상황에서도 경거망동하지 않았다. 오직 기도로 하나님의 뜻을 묻고 하나님의 때를 기다렸다.[16]

　김용기가 믿었던 거듭남이란 예수 그리스도의 십자가와 부활로 자기를 위해 살 수밖에 없었던 인간, 그로 인해 자신도 이웃도 죽일 수밖에 없었던 인간의 모든 죄와 존재가 죽고, 다시는 자기 자신이 아니라 오직 주님과 이웃을 위해 근로하고 봉사하고 희생하는 새로운 존재로 다시 태어나는 것이었다.[17]

4) 민주화와 고성장 소비기(1979-1988)

　박정희의 개발정책은 다행히 전두환, 노태우, 김영삼으로 이어지면서 눈부신 경제성장을 이루었다. 박정희가 집권한 60년대 초부터 서거한 79년까지 30년간 한국 경제 연평균 성장률은 10% 가

---

16. 김용기, 위의 책, 298-299쪽.
17. 위의 책, 299-305쪽.

까이 되었다.[18] 그 이후 일가 장로가 소천한 1988년까지 경제성장률도 매년 10%대를 유지했다. 국민소득도 그해 만 달러에 육박하면서 중진국을 넘어 선진국에 대한 희망이 넘쳐났다. 소비가 미덕이라는 말이 공공연하게 주장되었다. 이 시기 정치 사회적 민주화도 많은 희생을 담보로 세계인들이 부러워할 만큼 발전했다. 기초과학과 산업기술 분야, 문화예술 분야에서도 괄목할 만한 발전을 이루었다. 그리고 산아제한과 같은 강력한 인구억제정책으로 일반인들이 생각하기에 안정된 인구 증가세를 유지했다.

이처럼 모든 국민이 희망을 노래하고 있을 때 일가 장로의 외침은 달랐다. 먼저 그는 산아제한정책을 강하게 비판했다. "자연보호를 하자면서 인간보호를 거부하느냐? 이것은 죄악이며 재앙이다!", "한국은 일억의 인구가 필요하다. 많이 낳으라!"고 시간과 장소를 불문하고 외쳤다. 그리고 그의 외침이 하나 더 있었다. "덜 벌어 덜 쓰는 세상을 만들자!", "무한 생산 무한 소비가 아니라, 필요 생산 필요 소비를 이루자!", "목표를 낮추자!"라고 역시 시간과 장소를 불문하고 외쳤다. 안타깝게도 아무도 그의 말에 귀 기울이지 않았다. 오히려 시대를 모르는 어른의 노파심으로 알았다.

그러나 일가 장로의 외침 속에는 그의 깊은 신앙적 판단이 있었다. 하나님의 뜻은 생육하고 번성해서 땅에 충만해지는 것이다.

---

18. 중앙일보, 〈30년간 매년 10% 경제성장 해냈다…대한민국 기적 만든 그 계획〉 [창간기획 '대한민국 트리거 60' ②], 2025년 7월 2일 기사, https://www.joongang.co.kr/article/25348361중앙일보. (2025년 5월 5일 검색).

이것이 창조주 하나님의 일차 소원이다. 그런데 산아제한을 한다는 것은 하나님의 뜻을 정면으로 부정하는 오만이다. 평소 일가 장로는 '무엇을 먹을까 마실까 입을까 염려하지 말고 먼저 그의 나라와 의를 구하라. 그리하면 모든 것을 하나님께서 책임져주신다'는 산상보훈의 말씀을 믿었다.[19] 사람들이 자녀를 많이 두지 않으려는 의도는 먹고 사는 문제로 인한 불신앙의 전형이라고 할 수 있다. 하나님의 나라와 의를 구한다는 것은 곧 일용할 양식으로 만족하는 삶이며, 그 이상의 것이 있다면 갖지 못한 이웃과 나누라고 주신 은사라고 생각하고 앞에서 말한 것처럼 헌금이란 수단을 통해서 나누는 것이다.[20] 특별히 무한 생산, 무한 소비는 자본주의의 근간으로 모순 자체로 인식했다. 인간의 끝없는 욕망은 반드시 한계를 드러내게 되는데, 그때 후손들의 삶과 환경이 보장되겠느냐는 꾸지람이었다. 타자를 생각해서 자기를 부정하는 구원의 구체적인 실천이었다. 기후 이변이나 환경파괴와 같은 현실을 직면하면서 지속 가능한 세상을 염려하지만, 아직도 일가 장로의 예언을 이해하지 못하고 있는 것이 우리의 실정이다.

---

19. 마태복음 6장 33절은 가나안농군학교의 근본 이념이 되는 말씀이다.
20. 김용기, 위의 책, 98쪽.

3. 나가는 말

이상으로 일가 김용기의 시대 인식과 신앙적 행동에 대해서 그의 생애에 맞추어 구분하고 정리해 보았다.

일가 장로의 인식과 행동은 시간과 공간을 초월해서 일관적이었다. 하나님의 임재와 통치라는 현실 인식과 순종이었다. 하나님의 임재와 통치는 일관되게 나타났는데, 정의와 인애이다. 일가 장로가 인식한 정의는 높은 자를 낮추고 낮춘 자를 높여서 평균케 하는 것이다. 모든 인간이 존엄하고 안전하고 행복하게 사는 것, 그래서 생육하고 번성해서 땅에 충만해지는 하나님의 소원이 실현되는 것이다. 이것을 일가 장로는 복민주의라고 정리했다. 이 복민주의는 사람의 의지로 되는 것이 아니었다. 철저하게 기독론에 의존해야 가능한 일이었다. 십자가로 자기애적 존재로 살아가면서 자신과 타자에게 지었던 모든 죄를 용서받을 뿐만 아니라, 자기애적 존재로 살아갈 수밖에 없는 옛사람이 장사 되어야 한다. 그리고 주님의 부활로 성도의 부활의 첫 열매가 될 뿐 아니라 새로운 피조물로 거듭나야 한다.[21] 새로운 피조물이란 다시는 자기 자신을 위해 살지 않고 오직 그리스도를 위해 사는 것이며[22], 그리스도를 위해 산다는 것은 곧 타자를 위해 사는 것을 말한다.[23]

---

21. 로마서 6장 1-4절
22. 고린도후서 5장 14-17절
23. 고린도전서 10장 31-33절

일가의 신앙은 자기를 부인하고 십자가를 지는 신앙이며[24], 한 알의 밀이 떨어져 죽지 않으면 한 알 그대로 있고 죽으면 많은 열매를 맺는다는 신앙이었다.[25]

참고자료

김용기, 『가나안으로 가는 길』, 규장문화사, 1998.
박완, 『이것이 가나안이다』, 규장문화사, 1979.
임영철, 『일가 김용기와 가나안 이상촌 운동』, 아름다운 동행, 2009.
조용식, 『가나안, 끝나지 않은 여정』, 포이에마, 2016.
중앙일보, 〈30년간 매년 10% 경제성장 해냈다…대한민국 기적 만든 그 계획〉 [창간기획 '대한민국 트리거 60' ②], 2025년 7월 2일 기사, https://www.joongang.co.kr/article/25348361중앙일보, 2025년 5월 5일 검색.

---

24. 마태복음 16장 24절
25. 요한복음 12장 24절

부록

"정치적 설교"
(Politieke prediking)*

페일러마(W. H. Velema)**

---

* 본 글은 본래 저자가 1972년 9월 22일 네덜란드 개혁교회(기독개혁) 신학교인 아펠도른 신학대학교 교장으로 취임하면서 한 강연이다. 후에 Apeldoorn Studies No. 5로 출판되었다. 전체 5장으로 이루어져 있으나, 여기서는 1장, 4장, 5장을 번역하여 부록으로 첨부하였다. 편의상 각주를 생략했음을 밝힌다.

** 페일러마(W. H. Velema) 교수(1929-2019년)는 아펠도른 신학대학교에서 주로 설교학을 포함한 봉사신학 과목을 가르쳤다. 그는 몇 차례 한국을 방문하기도 했는데, 한국에 알려진 저서로는 새물결플러스에서 출간한 『개혁교회 교의학』(2018년)이 있다.

정치에 빠진 교회

제1장

"교회는 우리나라와 세계에서 벌어지는 중대한 발전들 속에서 하나님의 요구와 약속을 분명히 선포해야 한다."

이는 1972년 4월 28일에 네덜란드 개혁교회synodal, 시노달 총회가 발표한 선언입니다. 이 선언은 한 보고서를 바탕으로 이루어졌으며, 그 결론은 다음과 같습니다.

"교회는 역사적 과정에 참여하는 이들이 자기들의 방식대로—인간적으로 가능한 한—어떻게 역사를 형성해 나가는지, 그리고 그들이 이에 대해 어떤 책임을 지는지 자각하도록 돕는 데 기여해야 한다. 교회는 정치 및 사회단체들 안에서 이루어지는 성찰의 작업에 참여해야 한다. 교회의 관심은 기독교 기관들에만 한정되어서는 안 된다. 왜냐하면 비기독교 단체들 안에서도 원칙적인 성찰이 이루어지며, 교회 구성원들도 그 일에 참여하기 때문이다. 교회의 주요 기능은 공동체의 한복판에서 선포와 섬김의 사역을 감당하는 것이다. 그러나 교회는 자신 곁에서 일어나는 세계의 사건들을 면밀히 살피는 것을 소홀히 해서는 안 된다. 그래야 교회가 복음이 닿지 못하는 세상의 고통에 대해 공범이 되는 것을 피할 수 있기 때문이다."

이보다 몇 년 앞서, 독일의 '복음주의 교회 협의회'Rat der Evangelischen Kirche는 그 산하의 '사회질서위원회'Kammer für soziale Ordnung를 통해 〈사회적 문제에 대한 교회의 발언의 과제와 한계Aufgaben und Grenzen kirchlicher Äußerungen zu gesellschaftlichen Fragen〉라는 제목의 성명서를 발표한 바 있습니다. 이 문서에서는 다음과 같은 질문들을 다룹니다. "왜 교회는 정치적·사회적 문제들에 대해 발언해야 하는가?" "누가 말하는가?" "누구를 향해 말하는가?" "교회는 언제 발언해야 하는가?" "교회의 입장이 교회 내부 및 공적 삶 속에서 어떻게 받아들여져야 하는가?"

이 보고서는 신중하지만 분명히 긍정적인 입장을 보여줍니다. "정당한 교회의 발언이 되기 위해서는, 그러한 발언 안에 하나님 뜻의 선포라는 교회의 소명이 그 시대 속에서 표현되어야 한다는 점이 항상 결정적인 기준이다." 여기서 '교회의 발언'이란 교회가 법적으로 구속력 없는 방식으로 말하는 것을 가리킵니다. 왜냐하면 교회는 법적 기관처럼 그 구성원을 대표하여 공식적이고 권위 있는 결정ex cathedra을 강요할 수 없기 때문입니다. 그러나 동시에 교회는 내용 면에서 더 큰 책임감을 가지고 말하는 것입니다. 왜냐하면 그 발언이 복음의 요청과 관련이 있고, 사람들에게 그것을 하나님의 계명과 양심을 따라 적용된 이성에 부합하는 것으로 받아들이거나, 아니면 그렇지 않은 것으로 거부해야 하는 선택을 요구하기 때문입니다.

네덜란드 개혁교회의 보고서 결론은 독일 측의 결론과 크게 다르지 않습니다. 다만 그 접근 방식은 서로 다릅니다. 이러한 모든 입장은 16세기 우리 조국네덜란드의 개혁교회에서의 실제 사례들과도 일맥상통합니다.

1572년 7월에 있었던 사건들을 기념하는 자리에서 네덜란드 개혁교회기독개혁 신학교에서 교회사를 가르치는 판트 스페이커 교수W. van 't Spijker, 1926-2021년는 '저항권'에 대한 몇몇 글을 발표했습니다. 1566년 안트베르펜에서 열린 총회는, 군주가 공적 권리를 침해하거나 공공연한 폭력을 자행할 경우, 봉신들과 국민이 무장 저항하는 것을 정당화했습니다. 이 총회는 개혁신앙의 자유로운 실행을 이루기 위한 저항을 지원하기 위해 300만 길더의 기금을 사용하기로 결정했습니다. 이를 실행하기 위해 각 교회에서 1~2명의 대표를 브레데로데Brederode로 파견하기로 했습니다.

여기서 우리는 교회가 정치에 참여한 사례를 보게 됩니다. 단지 신학적 반성뿐만 아니라 실질적인 행동까지도 동반되었습니다. 이런 상황에서 우리는 최근 마르셀 쇼플레르Marcel Xhaufflaire의 한 논문 속에서 다음 주장을 개혁교회 총회가 받아들일 수 있었을지 질문하게 됩니다. 그는 뮌스터 대학의 로마가톨릭 신학자 요한 밥티스트 메츠Johann Baptist Metz의 제자입니다. "하나님에 대해 책임 있게 말할 수 있는 최종적인 기준은, 바로 해방적인 정치적 행위 속에서 찾을 수 있다."

이러한 쇼플레르의 주장이 1972년 4월 28일에 위트레흐트에서 열린 세계교회협의회wcc 중앙위원회의 결의들에도 영향을 미쳤을까요? 우리는 아직 공식 문서들을 확인할 수 없습니다. 그러나 언론 보도에 따르면 두 가지 결정이 특히 눈에 띕니다. 첫째, 인종차별 철폐 기금에 대한 기여금을 100% 증액하여 100만 달러로 조정한 것. 둘째, 남아프리카에서 이윤을 추구하는 기업들의 주식을 매각하기로 결정한 것과 이에 대해 회원 교회들이 성도들에게 일정 시점 이후 동일한 조치를 취하도록 권고한 것.

이 모든 일들은 우리로 하여금 '정치적 설교'Politieke Prediking라는 주제를 진지하게 다루게 합니다. 우리는 이 주제를 의도적으로 이렇게 명명합니다. 이는 '정치 신학'Politieke Theologie이나 '교회의 정치·사회적 참여' 같은 더 넓은 주제보다 범위를 제한하는 표현입니다. 우리는 이 주제를 설교학homiletiek의 분야로 국한합니다. 이 주제는 사회 윤리sociale ethiek와도 뚜렷한 접점을 가집니다. 또한 우리는 이른바 정치 신학과의 관계도 어느 정도 다루어야 할 것입니다.

우리의 목표는 특히 이 영역에서 몇 가지 탐색을 시도하고, 그 다음에 설교학적homiletisch으로 이 주제를 다루는 것입니다. 여기서는 정치적 설교의 소명, 한계, 방식이 주된 관심사가 될 것입니다.

우리는 스스로 길을 개척해야 할 것입니다. 왜냐하면 '정치 신학'이라는 용어는 자주 사용되지만, '정치적 설교'라는 주제를 설교학적으로 다룬 문헌은 드물기 때문입니다. 정치 신학 개론서들 안에서조차 '정치적 설교'라는 용어는 거의 다루어지지 않습니다.

제4장

정치적인 문제를 다루는 설교는 예수의 주 되심과 하나님 나라의 선포라는 틀 안에서만 행해질 수 있습니다. 지금까지 논의한 '정치 신학'에서 바로 이 점이 명확하게 축소된 것을 발견할 수 있습니다. 이는 특정한 해석학과 관련되어 있습니다. 이것은 설교학적 결과를 가져옵니다. '정치 신학'의 기본 전제는 성경의 메시지는 정치적인 범주로 번역되어야 한다는 것입니다. 다시 말해, 성경의 메시지는 현대 사회의 문제들과 연결되지 않는 한 어떤 권한도 어떤 실제적인 효과도 갖지 못한다는 것입니다.

이 주장이 단지 일반적인 프로그램을 포함하는 것이 아님을 우리는 깨닫게 되었습니다. 이것은 마르크스주의에 의해 형성된 인간과 사회의 관계에 대한 특정한 입장을 내포하고 있습니다. 쥘레Sölle가 강조하는 바는 정치 신학에서 정치적인 결과를 복음과 분리해서 취급할 수 없다는 것입니다. 여기에는 복음에 대한 새로운 정치적 해석이 존재합니다. 이 새로운 해석은 마르크스주의적 입장,

즉 인간과 사회의 변화, 인간 존재 자체의 변화에 근거하고 있습니다. 정치적 해석학은 복음을 마르크스의 문법에 따라 완전히 재해석하고 있습니다. 이것은 우리가 설교를 실제 삶에서 실천하지 않는 한 설교는 힘이 없다는 것을 의미합니다. 예배의 효과는 현실적인 실천 가능성이 존재하는지에 사실상 달려 있다고 스테펜스키Fulbert Steffensky는 말합니다. 무엇보다 실천을 통해서만 성경이 현실성이 있으며, 효과성과 능력이라는 의미에서도 그러하다고 말합니다.

우리는 네덜란드 개혁교회해방파 신학교에서 설교학을 가르치는 트림프 교수Cornelis Trimp, 1926-2012년의 주장을 상기할 수 있습니다. 그는 새로운 개신교 해석학에서 케리그마복음의 선포가 성경이라는 감옥에서 그 메시지를 해방시키는 방식으로 이해되고 있음을 보여 주었습니다. 성경의 메시지는 작용력을 갖기 위해 재해석이 필요하다는 것입니다. 트림프 교수는 이러한 해석학에 대해 '솔라 스크립투라Sola Scriptura(오직 성경)'이라는 원리에 근거하여 반대했습니다. 그는 이러한 방식이 종교개혁자들의 성경관을 훼손한다고 보았습니다.

만일 트림프 교수의 논의에서 '재해석'을 마르크스주의적 실천으로 해석한다면, 정확히 같은 상황에 직면하게 됩니다. 정치적 해석학에서는 재해석이 중요하며, 그것은 하나의 실천praxis의 이론이 됩니다.

여기에서 성경의 명료성perspicuitas이 손상됩니다. 곧, 성경은 그 자체로는 명확하지 않다는 것입니다. 마르크스주의적 모델에 따른 실천이 있어야만 그 메시지가 오늘날에 적합하고 받아들일 수 있게 된다는 주장입니다. 이러한 정치-신학적 논의에서는 설교가 설 자리가 거의 없습니다. 설교는 단지 현실 상황에 대한 정보를 제공하고, 사회적 변화를 촉진하는 행동으로 나아가게 하는 역할만을 하게 됩니다. 비록 성경적인 용어를 사용하더라도, 그것들을 그런 틀 속에 집어넣으면 성경적 언어의 본래 능력은 상실되고 맙니다. 여기에 '솔라 그라티아Sola Gratia(오직 은혜)' 역시 침해받고 있다는 점도 덧붙여야 합니다. 이는 예상된 일이었습니다. 왜냐하면 '솔라 스크립투라'와 '솔라 그라티아'는 서로 연관된 것이기 때문입니다.

이곳에서는 하나님의 말씀이 우선적으로 '들려야' 하는 것이 아니라 '실행되어야' 합니다. 그리고 그 말씀이 제대로 들렸는지는 사회적 관계 속에서 나타나는 효과로 판단됩니다. 여기서 개혁신학적 설교의 정의는 정확히 뒤집혀 있습니다. 개혁신학은 "설교는 본문의 해석과 적용이다"라고 말합니다. 그러나 여기서는 "적용을 통해 올바른 해석에 도달한다"라고 말합니다. 다시 말해, 어떤 본문이 해방적인 효과를 발휘하지 못한다면, 그것은 올바르게 해석된 것이 아니라는 것입니다. 신학이 실천praxis의 이론이듯, 본문에 대한 해석도 실천을 위한 지침 혹은 이론이 됩니다.

이 이론과 실천의 새로운 관계에 대한 관점은 곧바로 설교학에 영향을 미칩니다. 더 이상 설교학은 본문에서 말하는 바를 어떻게 선포할 것인지 그 규칙을 제시하는 신학의 한 분야가 아닙니다. 이제 설교학은 그리스도인의 행위를 하나님의 말씀에 근거하여 되돌아보게 하는 학문으로 변화됩니다. 설교학은 정치적 해석학politieke hermeneutiek의 일부가 되는 것입니다.

우리는 '정치적 설교'라는 용어를 거부하고자 합니다. 설교 속에서 정치적 문제들에 주목할 수는 있습니다. 그것은 예수 그리스도의 통치가 모든 것을 포괄하며, 그 통치를 그분은 자신의 말씀을 통해 행사하신다는 사실에서 비롯됩니다. 우리의 삶 가운데 그분의 통치가 미치지 않는 영역은 없습니다. 이것은 결혼 관계나 가정생활에도, 사회적 구조나 정치적 문제에도 마찬가지로 해당합니다.

왜 정치적 설교라는 말을 피해야 할까요? 그것은 우리가 성적인 설교seksuele prediking라는 말을 사용하지 않는 것과 같은 이유입니다. 결혼과 성, 정치와 사회에 대해 다루는 설교는 말할 수 있지만, 설교 그 자체가 '성적인 것'이나 '정치적인 것'으로 규정되어서는 안 됩니다. '정치적 설교'라는 용어에서는 '정치적'이라는 말이 설교의 본질을 규정해 버립니다. 이 경우 복음과 설교는 정치화politicization되고 맙니다. 이런 관점에서는, 확실히 그것은 정치적 설교라고 불릴 수 있습니다.

우리는 '정치'라는 단어의 이와 같은 포괄적인 의미를 거부합니다. 우리는 그것을 삶의 특정한 영역을 지칭하는 말로 사용합니다. 그럼에도 불구하고 정치적 설교라는 말을 계속 사용한다면, 결국 설교의 본질을 설교가 다루는 특정 영역에 따라 규정해 버리는 셈이 됩니다. '성적인 설교'라는 말이 본능적으로 낯설게 들리는 것처럼, '정치적 설교'라는 말도 같은 기준에서 이해해야 합니다. 그리스도인의 삶 속에서 정치적 문제를 비추는 설교는 정치와 관련된 설교일 수는 있지만, 정치에 의해 규정된 설교는 아닙니다. 정치가 설교의 본질을 결정하지는 않습니다.

하나님의 말씀의 주권성이야말로 그것이 정치 위에 서 있는 이유입니다. 하나님의 말씀은 정치에 대해 메시지를 가질 수는 있지만, 그 자체가 정치에 의해 규정되지는 않습니다. 우리가 '정치적 설교'라는 용어를 거부하는 이유는 바로 이 하나님의 말씀의 주권성, 곧 속박되지 않음 때문입니다. 우리는 정치를 설교하는 것이 아니라, 예수 그리스도를 통해 나타난 하나님의 행위를 설교합니다. 우리는 하나님의 말씀에, 그리고 곧 주 예수 그리스도 자신에게 순종할 것을 촉구합니다. 정치적인 사안에 있어서도 마찬가지입니다. 앞서 살펴본 바와 같이, 설교는 하나님의 나라를 선포하는 것입니다. 하나님의 나라와 무관하게 정치문제를 설교 안에서 다룰 수는 없습니다. 이제 몇 가지 구체적인 점들을 다뤄보겠습니다.

첫째로, 설교는 본문의 해석과 적용입니다.

우리는 본문과 무관하게 정치적인 사안을 설교에서 다루어서는 안 됩니다. 우리는 예수 그리스도의 복음을 정치적 구호로 바꿀 권리가 없습니다. 마찬가지로, 본문이 정치적인 적용을 요구하지 않음에도 모든 본문을 정치적으로 해석할 권리도 없습니다. 일부 설교자들은 그렇게 하기도 합니다. 왜냐하면 그렇게 하지 않으면 말씀이 사람들에게 받아들여지지 않을까 두려워하기 때문입니다. 그들은 설교가 세계 문제에 관여할 때에만 의미가 있다고 여깁니다. 이러한 생각 뒤에는, 의식적이든 무의식적이든, "정치적 색채를 띤 메시지만이 효과적이다"라는 전제가 깔려 있습니다. 우리는 이 전제를 거부합니다. 이는 하나님의 말씀이 그 자체로는 아무 힘이 없고, 우리의 특정한 실천에 맞게 강조될 때에만 현재성을 갖는다는 뜻이기 때문입니다. 그런 관점에서는 하나님의 말씀이 그 자체로는 현재성과 능력을 가지지 못하고, 오직 우리의 조율과 적용을 통해서만 능력 있고 효과적이며 현재적인 것이 됩니다.

반면, 우리의 입장은 다음을 함축합니다: 말씀에 충실한 설교 사역은 본문이 정치문제를 다루고 있을 경우 그 문제를 회피해서는 안 된다는 것입니다. 성경에서 정의正義는 많은 경우 사회적 차원을 지닙니다. 그 사실은 무시되어서는 안 됩니다. 죄는 사회 구조 안에서 구체적으로 형상화되고 구조화될 수 있습니다. 이러한 구조 속에 나타난 죄는 설교 속에서 지적되어야 합니다. 말씀의 사역자는 이를 회피해서는 안 됩니다. 만약 회피한다면, 그는 메츠J. B. Metz가 지적한 바 있는 구원의 사적 축소구원의 사유화(privatisering van het heil)의 죄를 범하는 것입니다. 본문은 정치적·사회적 문제를 다룰 동기를 제공해야 합니다. 그런데 본문과 무관하게 정치적 사안을 강단에서 끌어오는 자는 하나님의 말씀의 사역을 수행하고 있는 것이 아닙니다. 그는 정치 정당이나 사회 행동 단체의 구호나 프로그램을 전파하고 있을 뿐입니다. 그는 자신의 말에 주 예수 그리스도의 권위를 요구할 자격이 없습니다. 이 높은 기준에 하나님의 말씀의 사역자는 반드시 매여 있어야 합니다.

둘째로, 우리는 설교는 '청중을 향한'ad hominem 것이어야 한다는 점을 강조합니다.

설교는 지금 이 자리에 있는 회중을 향해 있어야 합니다. 이 원칙은 정치적·사회적 사안에 대해 설교할 때에도 지켜져야 합니다. 본문을 이용해 사회 정의에 대해 말하면서, 그것을 바탕으로 국제적 원조에 대한 거대한 프로그램을 설명하는 설교자는 어떤 정치 프로그램을 전개하고 있을 뿐, 지금 이 교회에 있는 사람에게 하나님의 말씀을 전하고 있는 것이 아닙니다. 우리가 세계적 시대에 살고 있음이 자주 언급됩니다. 이는 우리의 시야가 전 지구적 사회와 공존에까지 확장된다는 뜻입니다. 국제적인 관점에서 사안을 접근

하는 것은 문제가 되지 않으며, 오히려 권장되는 일입니다. 그러나 그럴 때에도 우리는 지금 이 자리에 앉아 있는 회중과의 연결을 결코 놓아서는 안 됩니다. 이 연결을 놓쳐버리는 순간, 그는 정치 정당의 부엌, 정치 활동가의 실험실, 또는 사회윤리학자의 연구실에 있는 것이지, 그리스도의 교회 안에서 하나님의 말씀을 섬기고 있는 것이 아닙니다. 성도들이 교회라는 공간에 모였을 때 자신들이 방금 언급된 공간부엌, 실험실, 연구실으로 조종당하고 있다고 느낀다면, 그 설교에 대해 거부감을 갖는 것은 매우 자연스러운 일입니다. 회중을 이런 방식으로 조작하는 것은 하나님의 말씀을 조작하는 것이기도 합니다. 하나님의 말씀을 해석하고 적용하는 것이라는 종교개혁적 설교 이해는 회중과 말씀에 대한 깊은 존중을 전제합니다. 그렇기에 우리는 이러한 조작을 경계해야 합니다. 개혁주의 설교학의 원리는, 정치와 설교의 관계를 논할 때 결정적인 의미를 갖습니다.

셋째로, 신약성경은 교회가 주님의 뜻을 깨닫도록 기도할 것을 반복적으로 권면합니다.

이는 예수 그리스도에 대한 순종이 어떤 모습이어야 하는지를 구체화하는 일입니다. 다시 말해, 하나님의 계명의 실제적 적용에 대한 것입니다. 사도 바울은 교회들에게 이에 대해 명확한 규범을 주지 않았습니다. 그는 단지 하나님의 계명을 제시했을 뿐입니다.

어떤 경우에는 "이것은 하라", "이것은 하지 마라"라고 분명히 말할 수 있습니다. 그러나 어떤 경우에는 주님의 뜻에 대한 지혜와 통찰을 간구해야 했습니다. 어떻게 행동할지는 기도와 계명의 묵상을 통해 스스로 분별해야 할 문제입니다. 여기서는 통찰력 있는 분별이 요청됩니다. 어떻게 행동해야 할지를 아는 것, 바로 여기에 그리스도인의 자유와 성숙함이 관련됩니다. 이러한 자유는 유대교에는 없었습니다. 유대교는 율법학자들의 규정으로 모든 것을 제약했습니다. 이런 식의 사례 중심적 윤리 경우학(casuïstiek)는 신약의 교회에는 낯선 방식이었습니다. 그렇다고 해서 바울이 도덕적 자율성을 도입했다는 뜻은 아닙니다. 오히려 그의 기독교 자유에 대한 이해는 그것과 정반대입니다. "모든 것이 너희의 것이다. 그러나 너희는 그리스도의 것이요, 그리스도는 하나님의 것이다." 바울은 하나님의 계명, 그리고 세상에 존재하는 다양한 관계들을 가리킵니다.

어떻게 순종할 것인가는 언제나 개별 성도의 책임입니다. 이 점에 있어 설교자는 명령할 권리를 갖고 있지 않습니다. 그는 말씀을 통해 충분히 명료하게 선포함으로써 회중이 성숙한 그리스도인으로서 마땅히 해야 할 것을 행하도록 도와야 합니다. 즉, "주의 뜻이 무엇인지를 분별하라"라는 요청에 응답할 수 있도록 해야 합니다.

설교는 성도의 자율성과 성숙함을 존중해야 합니다. 우리는 성도가 그리스도인으로서의 정치적 책임을 실현할 수 있도록 그 기초적인 판단의 재료건축 자재를 제공해야 합니다. 물론 현실적으로는 다가올 상황에서 어떻게 순종하는 것이 최선인지 말하는 것보다 지금의 상황에서 무엇이 잘못되었는지를 말하는 것이 더 쉬울 수 있습니다. 그러나 그것이 곧 교회가 설교를 통해 자신의 책임을 회피하고 있다는 표시가 되는 것은 아닙니다. 오히려 우리는 각 성도가 지닌 책임을 존중해야 합니다. 하나님의 말씀에 비추어 그 책임을 다하지 않고 있음이 명백할 때, 그때는 엄중한 권면이 필요합니다.

고트프리트 골비처Gollwitzer는 다음과 같이 올바르게 말했습니다. "회중은 복음 선포에 대해 아멘으로 응답해야지, 설교자의 정치 프로그램에 아멘을 할 수는 없다."

제5장

"교회가 세상의 커다란 문제에 대한 해결책을 찾는 데 도움을 주는 것이 교회의 역할인가?" "교회는 발언을 통해 사회의 모든 과정을 인도해야 하는가?" 이에 대해 긍정적으로 답한다면, 이는 교회의 선포 임무의 일부인가 하는 질문이 제기됩니다.

제 생각에는 여기서 명확히 구분해야 합니다. 교회는 목회적 임무를 가지고 있습니다. 교회는 교인들이 그리스도인으로서의 삶을 살아가도록 도와야 합니다. 오늘날 교회는 이러한 과정에서 도움,

심지어 지지를 요청받기도 합니다. 앞에서 저는 그리스도인 각자의 책임에 대해 언급했습니다. 제가 지금 말하려는 것은 그 책임을 없애려는 것이 아닙니다. 제 판단으로는 교인들이 도움을 필요로 할 때 교회가 그 자리에 없어서는 안 됩니다. 교회는 결코 교인들의 책임을 떠맡을 수 없지만, 그들이 책임을 다하도록 도와야 합니다. 저는 이것을 목사의 목회적 임무라고 부르고 싶습니다. 이 과정에서 하나님의 말씀은 분명히 중요한 역할을 할 것입니다. 하나님의 말씀이 열리고 상황에 따라 해석되지 않는다면 어떻게 그리스도인으로서 자신의 책임을 다할 수 있겠습니까?

여기서 요청되는 도움은 다른 것입니다. 그것은 계명의 구체화에 관한 것입니다. 그러기 위해서는 상황과 그 상황 속의 사람을 알아야 합니다. 만약 요청이 있다면 교회는 도움의 손길을 내밀어야 합니다. 저는 개개인 교인들의 개인적인 삶에 있어서는 목회적 대화를, 특정 그룹의 사람들에게는 지역 모임에서의 대화를 생각합니다. 그곳에서 우리 시대 그리스도인 삶의 문제들이 논의됩니다. 그것은 단순히 부담 없는 대화가 아닙니다. 그것은 실현을 목표로 합니다. 그것은 우리가 교회 구성원으로서 가진 책임에서 출발합니다. 이러한 일대일 또는 소규모, 심지어 대규모 모임에서의 대화는 형성적인 가치를 가집니다. 그것들은 돕는 것을 목표로 합니다. 저는 가정, 안락사, 풍요로운 시대의 금욕과 같은 주제를 생각합니다. 교인들이 이러한 대화에 직분자들을 초대할 때, 그들은 결석해서는 안 됩니다. 그들은 참석해야 합니다. 그들은 자신의 은사와 하나님의 말씀에 대한 이해의 정도에 따라 질문을 논의하고 답변하는 데 도움을 주어야 합니다. 더 큰 규모로도 이것이 가능하다고 생각합니다. 특히 독일과 스위스의 복음주의 아카데미의 활동을 생각합니다. 그곳에서 교회는 동일한 직업을 가진 사람들 간의 협의에 참여합니다. 그러면 그 사회의 특정 집단에서 그리스도인으로서의 문제들이 논의됩니다. 저는 여기서 교회의 임무를 봅니다. 물론, 이것은 사실 필요 없을 수도 있다고 말할 수도 있고, 교인들이 스스로 다른 사람의 도움 없이 자신의 길을 찾을 만큼 성숙해야 한다고 말할 수도 있습니다.

우리는 매우 복잡한 시대에 살고 있습니다. 모든 분야에서 정보와 추가 교육이 필요합니다. 그렇다면 교회가 도움을 주어야 하지 않겠습니까? 저는 이 임무를 목회와 교리 교육의 결합, 즉 목회적 인도와 교인들의 추가적인 형성으로 봅니다. 여기에는 교회가 교인들이 오늘날의 질문에 대한 답을 찾도록 돕는 임무가 있습니다. 그러나 저는 이 주된 임무를 설교로 특징짓지는 않습니다. 그것은 성경을 출발점과 중심으로 하는 목회적 도움과 목회적 양육입니다.

목회적 도움과 양육 외에도 디아코니아^{봉사}가 있습니다. 우리 주제의 범위를 고려할 때 이에 대해 더 자세히 다룰 수는 없습니다. 교회에 강단 설교 외에 다른 설교의 가능성은 없을까요? 저는 개혁교회의 총대들이 사용한 '큰 강단'이라는 표현을 생각합니다. 그들은 그것을 시민 생활과 정부에 대한 교회의 발언을 의미합니다. 정말로, 그러한 가능성이 있다고 생각합니다. 우리는 그것을 설교라고도 부르고 싶습니다.

언제 이것이 일어나야 할까요? 또는 언제 이것이 일어날 수 있을까요? 무엇보다도 신앙고백의 상태와 관련이 있을 때입니다. 그러한 경우에 교회가 침묵한다면 주 예수 그리스도를 부인하는 것입니다. 이러한 설교는 동시에 세상과 정부에 대한 고백입니다.

또한, 시민 생활에서 특정 죄가 인식되지 않거나 특정 하나님의 계명이 매우 명확하게 소홀히 여겨질 때 이러한 설교가 필요하다고 봅니다. 만약 주일 설교를 통해 이미 많은 사람이 이러한 점을 지적하고 있다면, 교회는 즉시 발언할 필요가 없을 수도 있습니다. 그때 교회는 말씀의 계속되는 작용에서 많은 것을 기대할 수 있습니다. 그러나 교인들이 스스로 이러한 것들을 제대로 보지 못하거나 어떤 이유에서든 사회에서 충분한 목소리를 내지 못할 경우, 교회는 발언할 의무가 있습니다. 이러한 발언의 한 형태로서, 저는 다른 사람들이 충분한 관심을 기울이지 않는 억압받는 자들의 권리를 옹호하는 것을 생각합니다. 이러한 발언은 "주께서 이같이 말씀하시느니라"라는 긴장 아래 있어야 합니다.

하나님의 계명에 대한 증언이 덜 들릴수록 사회에서 교회의 이러한 발언은 더 자주 일어나야 한다고 생각할 수 있습니다. 기독교 정당이 없는 나라에서는 기독교 정치인들이 사회에 대한 복음의 결과를 지적하는 나라보다 교회가 이러한 발언을 더 빨리 시작할 것입니다. 여기서 교회는 대리 역할을 합니다. 그러한 나라에서는 그러한 죄가 인식되고 그리스도인들에 의해 폭로되는 곳보다 사회의 죄를 더욱 강렬하게 공개적으로 지적하는 설교가 필요할 것입니다.

교회가 정치 분야에서 정당처럼 행동하는 교회에 대한 우리의 가장 깊은 반대는 그렇게 함으로써 교회 자체가 권력 집단이 된다는 것입니다. 특정 인간의 관점과 사회문제에 대한 해결책이 하나님의 말씀의 권위를 빌려 제시되고 규정됩니다. 그때 사람들은 복음의 결과라고 생각하는 것에 대해 신적인 구원 메시지의 권위를 주장하게 됩니다. 그러면 유감스럽고 치명적인 혼합이 발생합니다. 그 혼합은 무엇보다도 구원 자체의 메시지와 세상에서 성화를 이루어가는 것 사이의 구분을 침해합니다.

교회는 구원을 선포해야 하고, 성화를 촉구해야 합니다. 그런데 이 두 가지는 혼동되어서는 안 됩니다. 정치 신학에서는 성화가 구원 자체가 됩니다. 즉, 사람들이 하는 일이 다른 사람을 위한 구원이 됩니다. 우리는 구원이 성화를 가져온다는 것을 분명히 밝히고자 합니다. 이 둘 사이에는 직접적인 관계가 있습니다. 성화 없이는 아무도 주를 보지 못할 것입니다. 그러나 구원이 성화에 달려 있는 것은 아닙니다.

구원은 그리스도께서 사역을 완수하셨기 때문에 성취되었습니다. 구원을 받는다는 것은 구원에서 비롯된 삶, 즉 동시에 성화 안에서의 삶을 의미합니다. 이처럼 구원과 성화 사이에는 깨지지 않으면서 동시에 바꿀 수 없는 관계가 있습니다. 교회가 정치적 결과를 복음의 일부로 만들고 동시에 그것을 율법으로 부과할 때, 교회는 구원과 성화의 이중성을 오인하는 것입니다. 교회는 바꿀 수 없는 순서로 서로 연관된 것을 뒤섞는 것입니다.

방금 설명한 것의 결과로 또 다른 혼란이 발생합니다. 이러한 특정 정치적 결과를 따르지 않는 사람은 구원에 미치지 못하거나 심지어 구원에 반대하는 것으로 간주됩니다. 그는 예수 그리스도를 부인하는 것입니다. 그렇게 말하는 곳에서는 구원이 정치화되고, 그리스도께서 우리를 두신 자유가 사라집니다. 그곳에서 복음은 새로운 율법이 됩니다. 공교회와 다르게 성화를 생각하는 것은 다른 모양을 띤 실천의 징표입니다. 그러한 사람은 더 이상 정통일 수 없습니다.

정치적 설교에 관한 질문은 가장 깊이 구원의 본질에 관한 질문과 연결되어 있습니다. 우리는 그에 대한 두 가지 견해를 다시 한 번 날카롭게 대조하고자 합니다. "구원은 사람들이 사회적으로 속박하는 유대에서 해방되고 미시적 및 거시적 사회의 환경이 최적화될 때 실현되는가?" 아니면 "구원에는 사회적 환경을 넘어서는 차원, 즉 하나님과의 화해와 그분의 계명에 따른 그분께 대한 봉사가 있는가?" 그리고 "악은 구조에 흡수되지 않으므로 구조의 변화로 인해 사라지지도 않지만, 악은 주로 하나님을 대적하는 세력인가?" 그러면 악은 또한 사람들을 대적합니다. 하나님은 분명히 인간이 잘되는 것을 염두에 두시기 때문입니다. 하나님을 대적하는 자는 이웃을 그대로 두지 않습니다.

이것과 관련된 또 다른 질문은 다음과 같습니다. "구원은 어떻게 오는가?" "사람들이 구원을 가져오는가?" "우리가 서로 구원을 준비할 수 있는가?" 그리고 "우리는 궁극적으로, 즉 오직 우리만이 사람들 가운데 구원의 통치에 책임이 있는가?" 아니면 "구원은 하나님의 선물이고 그분이 우리를 위해 그것을 준비하시는가?" "구원은 하나님과의 화해와 그분의 영을 통한 갱신에 있는가?" 구원에는 우리가 결코 손으로 취할 수 없는 구성 요소가 분명히 있습니다. 우리는 구원을 오직 하나님의 선물로 받아야 합니다. 그러기 위해서는 손을 내밀어야 합니다. 구원의 실현은 하나님의 일입니다. 우리는 성령에 의존합니다.

이를 통해 수단도 결정됩니다. 수단이 사용될 때, 사람들이 개입합니다. 하나님은 간접적으로 일하십니다. 즉, 사람들의 봉사를 통해 일하십니다. 그러나 구원 실현의 주체는 하나님이십니다. 사람들이 무엇을 하든, 그것은 단지 하나님의 일에 대한 봉사일 뿐입니다. 그들은 하나님을 대신하지 않습니다. 그들은 그분의 자리를 차지하지 않습니다. 헤르만 디엠Hermann Diem은 〈본문과 설교 사이의 신학자〉라는 에세이에서 "여기서 주의해야 할 것은 그가 중개자일 뿐이어야 하지만, 자신이 중개자가 되는 것을 경계해야 한다는 것이다"라고 말했습니다. 죄에 대한 하나님의 승리와 우리의 존재의 갱신으로서 구원 자체의 특성과 함께 수단 자체의 특성이 주어집니다. 이것과 관련하여 구원이 우리 역사의 지평 안에서 온전히 실현되는지, 아니면 하나님의 개입으로 오는지에 대한 질문도 있습니다. 즉, 하나님의 미래가 이 세상을 심판하고 인도할 것인지, 아니면 중단 없는 연속성이 있을 것인지에 대한 질문입니다.

마지막으로, 여기서 논의되는 것은 우리가 예수님을 어떻게 보느냐입니다. 구원이 순전히 세속적인 특징을 가지고 사회 개혁에 흡수된다면, 예수님은 단지 길을 가리키는 자, 선구자, 지도자, 심지어 모범에 불과할 것입니다. 그는 우리 중 한 명일 뿐입니다. 우리는 그와 같은 선상에 있지만, 순서상 훨씬 뒤에 있습니다. 우리는 그에게서 방향을 찾고 그에게서 영감을 받을 수 있습니다. 그러나 그 이상은 아닙니다. 정치 신학은 정치적 메시아라는 이미지를 가

저옵니다. 정치적 메시아가 한 일은 우리가 하는 일과 본질적으로 다르지 않습니다. 그것은 나중의 시간적 범위와 다른 사회적 상황에서 동일한 것입니다.

이 두 가지 선택 사이에서 교회는 오늘날 서 있습니다. 정치 신학의 모델에 따른 정치적, 사회적 활동을 지지하는 교회의 결정은 교회가 여러 세기 동안 고백해 온 것과는 다른 구원에 대한 비전의 신호가 될 것입니다.

설교가 복음의 정치적, 사회적 결과를 지적해야 한다고 주장하는 것은 교회가 세상을 섬기기 위해 세상으로부터 부름 받은 백성이라는 확신에서 비롯됩니다. 구원은 주로 복음의 선포를 통해 전파됩니다. 교회가 이 구원의 본질을 인정하고 선포할 때만 세상을 섬길 수 있습니다. 그러나 교회가 이 본질을 세속적인 범주로 전환하고 하나님 나라를 특정 사회 상황과 일치시킬 때 섬김을 포기할 것입니다.

성경적 메시지가 정치적, 사회적 삶에 미치는 영향에 대해 간략하게 설명하겠습니다. 교회는 예수 그리스도의 통치를 설교해야 합니다. 이 통치는 이 세상의 권세로부터 해방시킵니다. 어떤 권세도 그를 대적할 수 없습니다. 왜냐하면 모든 권세는 원칙적으로 정복되었기 때문입니다. 비록 그들이 이것을 인정하고 싶지 않더라도 말입니다. 예수 그리스도의 통치 안에서 우리는 세 가지 요소를 고려해야 합니다.

첫째, 정의를 행하라는 요구입니다. 하나님이 우리에게 가지신 권리에서 우리는 '정의'를 하나님과 사람들에게 올바른 것이라고 규정할 수 있습니다. 이 정의는 이웃이 자신의 권리를 찾도록 허락합니다. 다음으로, 사랑의 계명이 있습니다. 이것은 사회 구조 내의 경직화를 깨뜨리고 사회 구조 내에서 나와 너의 인격적인 관계를 촉구합니다. 마지막으로 질서가 있습니다. 우리 시대에 질서를 옹호하는 것이 사실 의아한 일이기는 합니다. 그런데 이 교리가 치명적으로 오용된 것을 저는 거부합니다. 그럼에도 불구하고 하나님이 특정한 삶의 관계를 원하셨고, 그것들이 그분이 정하신 규칙에 종속된다는 것은 분명합니다. 저는 결혼생활 평생의 신실함, 정부의 권위, 가정에서 부모와 자녀 사이의 평등할 수 없는 관계를 언급합니다. 그런데 이러한 질서에 많은 일탈이 있습니다. 여기서는 창조주 하나님을 의지할 수는 없습니다. 그러나 예수께서 마태복음 19장 4절과 8절에서 말씀하신 것처럼 질서라는 규범적 구조 안에서만 그분을 의지할 수 있습니다. 정의와 사랑을 실천하고, 하나님께서 사회에 그 자체의 구조를 가진 관계를 정하셨다는 사실을 인정하는 것은 해방적입니다. 그 안에서 예수 그리스도의 구원하는 통치가 드러납니다.

마지막으로, 우리가 위에서 제시한 것을 실제적으로 어떻게 생각하는지 두 가지 예를 들어 설명하고자 합니다.

첫째, 정치적 설교와 관련하여 자주 사용되는 본문을 통해 어떻게 해서는 안 되는지에 대한 예시입니다. 저는 마리아 찬가의 중간 부분을 생각합니다. "그의 팔로 힘을 보이사 마음의 생각이 교만한 자들을 흩으셨고 권세 있는 자를 그 위에서 내리치셨으며 비천한 자를 높이셨고 주리는 자를 좋은 것으로 배불리셨으며 부자는 빈 손으로 보내셨도다"눅1:51-53. 많은 사람들은 이것이 정치적 권력자들과 사회적으로 가난한 자들에 관한 것이라고 생각합니다. 하나님은 가난한 자들의 편을 택하시고 권력자들에게 대항하신다는 해석입니다.

우리는 이 구절의 맥락에 주의해야 합니다. 인용된 구절 바로 앞에는 하나님께서 마리아를 돌아보셨다는 마리아의 놀라움이 나옵니다. 그분의 이름의 거룩함과 자비가 하나님의 '정치적' 행동의 맥락입니다. 이 모든 것은 예수님의 탄생 예고와 직접적으로 관련되어 있습니다. 그러한 관점에서 우리는 마리아가 권력자들과 가난한 자들에 대해 말하는 것을 보아야 합니다. 하나님은 인간의 강한 것을 지나가셨습니다. 그분은 약한 것을 선택하셨습니다. 스스로 만족하고 높이는 자들을 그분은 지나가십니다. 이것은 전형적인 성경적 사실입니다. 그분은 그분이 원하시는 대로 그분의 일을 하십니다. 권력자들을 지나가십니다. 마음의 생각에 교만한 자들은 정치인이나 사회적 권력자일 수 있습니다. 그들은 여기에서 그들의 정치적 권력 때문에 언급되는 것이 아닙니다, 오히려 이들이 여기서 언급되는 이유는 자신들의 사회적 지위 때문에 하나님의 일을 위해 가장 먼저, 그리고 가장 많이 고려되어야 한다고 스스로 생각하기 때문입니다. 따라서 그들의 교만은 그들의 사회적 지위와 관련이 있지만, 단순히 사회적 지위의 문제가 아닙니다. 그것은 바울이 육신의 생각이라고 부르는 영적 상태의 표현입니다. 하나님의 나라에서는 다른 질서가 있습니다. 이것은 하나님이 약한 자들을 사용하신다는 점에서 드러납니다.

여기서 우리는 고린도전서 1장 27-31절의 말씀을 떠올립니다. "그러나 하나님께서 세상의 미련한 것들을 택하사 지혜 있는 자들을 부끄럽게 하려 하시고 세상의 약한 것들을 택하사 강한 것들을 부끄럽게 하려 하시며 하나님께서 세상의 천한 것들과 멸시받는 것들과 없는 것들을 택하사 있는 것들을 폐하려 하시나니 이는 아무 육체도 하나님 앞에서 자랑하지 못하게 하려 하심이라. 너희는 하나님으로부터 나서 그리스도 예수 안에 있고 예수는 하나님으로부터 나와서 우리에게 지혜와 의로움과 거룩함과 구원함이 되셨으니 기록된 바 자랑하는 자는 주 안에서 자랑하라 함과 같게 하려 함이라"⟨개역개정⟩. 세상의 생각을 가진 사람은 단순히 하나님 나라 옆에 있는 것이 아닙니다. 그들은 하나님 나라 밖에 있습니다. 하나님은 하나의 정치를 다른 정치와 대립시키지 않으십니다.

그것은 같은 기업이면서 다른 이름이나 다른 표징을 가진 것이 아닙니다. 하나님은 육신의 생각에 대항하여 그분의 은혜의 나라를 세우십니다. 이는 권력자들에게 분명히 정치적, 사회적 결과를 가져옵니다. 그러나 자신의 권력 때문에 하나님 나라에서 제외되는 것이 아닙니다. 오히려 자신의 권력을 사용하는 방식과 자신이 강하다고 생각하는 방식 때문에 제외됩니다. 마리아는 하나님이 자신을 선택하심으로써 행하신 일에 대해 말합니다. 그 안에서 그분은 권력자들이 그들의 왕좌에서 쫓겨나는 것이 무엇을 의미하는지 보여주셨습니다.

우리 또한 결론을 지적하고자 합니다. 하나님은 우리가 정치 신학과 정치 설교를 세울 수 있는 일반적인 정치적 규칙을 정하지 않으셨습니다. 하나님은 이스라엘, 곧 그분의 종을 이끌어 내시고 아브라함에게 약속하신 그분의 자비를 기억하셨습니다. 이러한 말씀들은 언약의 틀 안에 있으며, 우리가 선지자의 설교에 대해 말한 것과 연결됩니다.[1]

다른 예는 에베소서 6장 12절에서 볼 수 있습니다: "우리의 씨름은 혈과 육을 상대하는 것이 아니요 통치자들과 권세들과 이 어둠의 세상 주관자들과 하늘에 있는 악의 영들을 상대함이라"〈개역개

---

1. 페일러마는 3장에서 구약 본문과 선지자들의 설교를 다룬다.

정). 바울이 '통치자들과 권세들'이라고 말하는 것은 무엇을 의미합니까? 그것은 인간을 지배하고 하나님으로부터 멀어지게 하는 모든 것을 의미합니다. 인간을 하나님으로부터 멀어진 상태로 묶어두는 모든 것입니다. 바울 시대에 유대인들에게는 율법이었고 이방인들에게는 그들의 철학이었습니다. 오늘날에는 사람들이 세상의 구원과 번영을 위해 고안한 모든 것입니다. 그것은 인간을 묶어두는 구호들과 관행입니다. 현대 철학에서 선포되는 자유, 즉 규범이 없는 절대적인 자유를 생각할 수 있습니다. 그 결과로 권위의 상실이 뒤따릅니다. 구원의 메시지인 공산주의, 인간에게서 책임감을 약하게 만드는 사회 구조, 비인간적으로 만드는 사회생활 등.

우리는 몇 가지를 언급했을 뿐입니다. 이것들은 바로 세상 주관자들입니다. 그것들은 사람들을 주관합니다. 마귀의 간계메토데이아, 11절는 바로 이러한 권세들이 자신의 통치에 제공하도록 합니다! 그것은 영적인 싸움입니다. 그러므로 영적 싸움은 혈과 육을 상대하는 것이 아닙니다. 손과 칼로 이길 수 있는 것들과 상대하지 않고, 하늘에 있는 악한 영들과 상대합니다. 이 영적인 권세들은 하늘을 사용합니다. 비유적으로 혈과 육의 인간과 대조적으로, 또한 이러한 영적인 권세들이 최신 수단, 즉 통신 위성과 무선을 통해 어떻게 자신들의 영향을 행사하는지 보면 문자적으로도 그렇습니다.

부록 "정치적 설교"(Politieke prediking)

이러한 권세들은 폭로되어야 합니다. 복음의 해방적인 측면이 이것들과 상대해서 제시되어야 합니다. 국가와 사회에 미치는 결과에서도 상대해서 세워져야 합니다. 그러므로 전체주의 국가, '정치화된' 라디오 시스템, 좌익 이데올로기에 봉사하는 교육이 아니라, 진정으로 자유롭게 하는 하나님의 말씀의 홀笏 아래에 모든 생활을 두어야 합니다. 이는 회개와 그리스도의 군사로 참여할 것을 요구합니다. 그 당시의 전신갑주는 이 싸움에서 여전히 유용하며, 바울이 에베소서 6장에서 묘사한 것만큼이나 필수적입니다.

정치와 설교는 서로 배타적이지 않습니다. 정치 신학의 결과로 나타나는 정치적 설교는 복음의 변형을 의미하며, 복음의 가치를 떨어뜨립니다. 이에 반해 우리는 사람들의 구원과 해방을 위한 하나님의 위대한 행위들을 선포하는 설교를 제시합니다. 이 설교는 예수 그리스도의 통치가 넓은 만큼 넓습니다. 그래서 설교는 정치적, 사회적 함의를 가집니다.

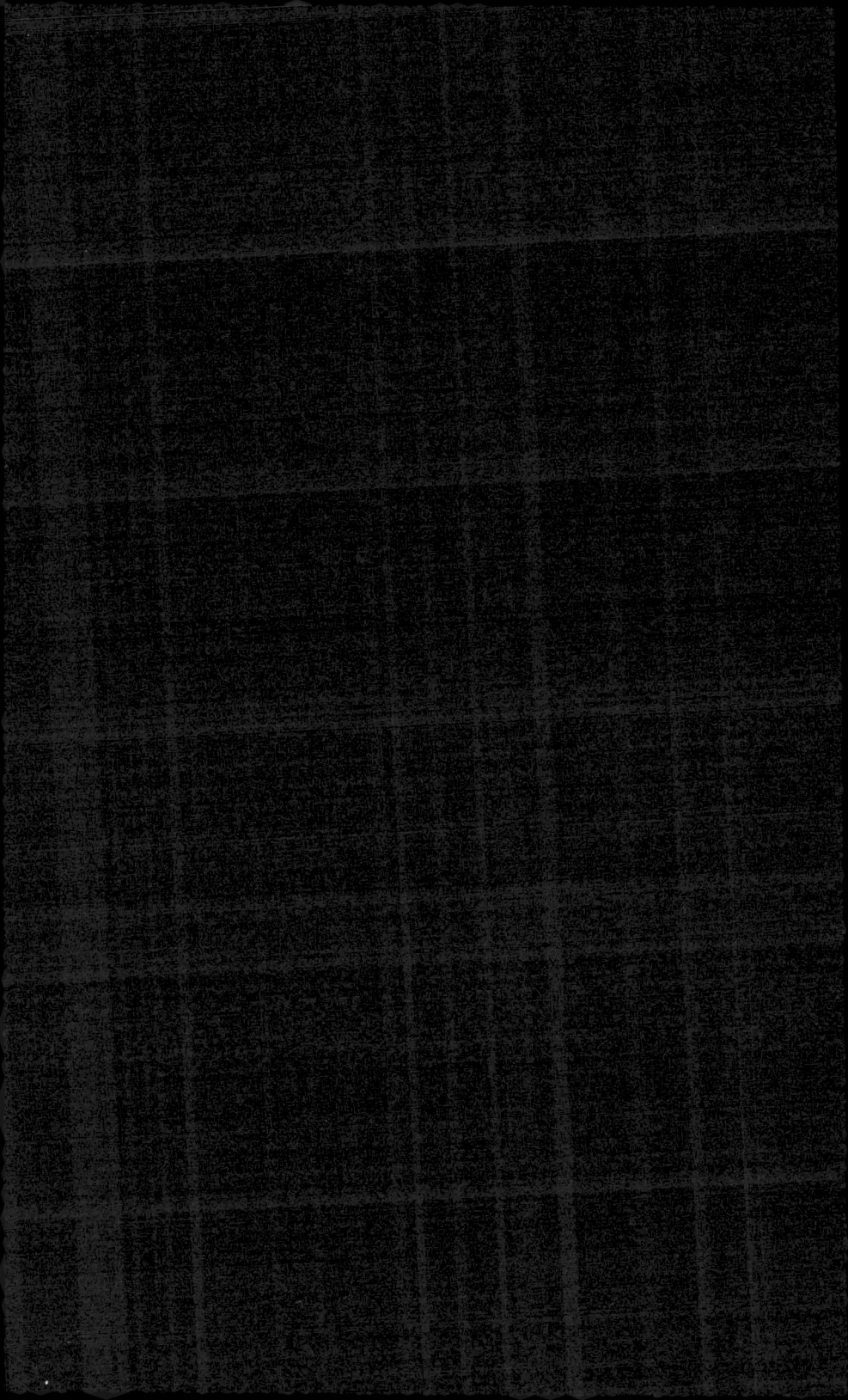